세계일화 봉황사

만월당

세계일화 봉황사

만월당

초판 1쇄 발행 2017년 5월 3일

지 은 이 만월당
발 행 인 권선복
편   집 김병민
디 자 인 서보미
전 자 책 천훈민
발 행 처 행복한 에너지
출판등록 제315-2011-000035호
주   소 (07679) 서울특별시 강서구 화곡로 232
전   화 0505-613-6133
팩   스 0303-0799-1560
홈페이지 www.happybook.or.kr
이 메 일 ksbdata@daum.net

값 15,000원
ISBN 979-11-86673-80-5   03220

행복한 에너지는 독자 여러분의 아이디어와 원고 투고를 기다립니다. 책으로 만
들기를 원하는 콘텐츠가 있으신 분은 이메일이나 홈페이지를 통해 간단한 기획서
와 기획의도, 연락처 등을 보내주십시오. 행복에너지의 문은 언제나 활짝 열려 있
습니다.

만월당

세계일화 봉황사

나무 동방 만월세계
약사유리광 여래불

만월당 지음

"도라는 것은 가고 가는 중에 알게 되고
행하고 행하는 속에 깨닫게 된다"

호흡과 기로써 빛과 진리를 바라보며
깨달음을 구하다

행복한에너지

목차

만·월·당

불심

통 通

수행

사·람·들

만 월 당

여비

어느 공찰에 대중으로 살 때에 월 보시가 12만 원이었는데 평화 통일 기금 만 원을 떼면 11만 원이었다. 백일기도를 맡았으므로 특별히 나갈 일은 없어서 차곡차곡 쌓여서 목돈이 될 만하였다.

가끔씩 객들이 오곤 여비를 받아 가는데 총무가 외출했을 때는 객이 기다리고 있는 것이 안쓰러워서 내가 주곤 하였다. 어느 날은 두 분의 객이 대청마루에 앉아 총무가 올 때까지 기다리는 모습을 보고는 내가 주겠다고 생각하고 3만 원씩 6만 원을 책정하였는데 그 돈이 벽장 안에 모아 둔 마지막 돈이었다.

무심코 방문을 닫고 댓돌에 놓인 신발을 신기도 전에 문득 '한 푼도 없으니 나는 어쩌나~' 하는 생각이 났다. 두 분의 객에게 여비를 전해 드리고는 곧장 산으로 들어가서 크게 울었다. 사람이 있을 때도 나누어 쓰는 것이지만 없을 때도 의연해야 하는 것인데 나는 어쩌나 하는 생각을 했던 것이 너무나 부끄러웠던 것이다. 그때에 내가 공부가 되지 않았다는 것을 크게 깨닫게 되었다.

滿月堂

꿈

　예전의 일이다. 꿈을 꾸면 전두환 대통령이 가죽점퍼를 입고는 자주 나를 찾아왔다.

　"배 군~ 퇴근하고 왔으니 나하고 술 한잔 하게."

　하루는 꿈에 전 대통령이 낮에 경호원들과 함께 정장을 하고 나타났다. 장소는 둘째 형님이 개업한 밀양 돼지국밥 식당이었고 나는 그곳에 있었다.

　"자네 형님 집 식당에 국밥이 맛있다고 해서 내 잠시 시간을 내어서 찾아왔네."

　깨어보니 꿈이었고 식당이 번창할 징조라고 판단하였는데 이후에 영남 일대에 밀양 돼지국밥 식당이 없는 곳이 없을 정도로 번창하였다.

　그 후에 노태우 대통령이 꿈에 자주 나타났는데 나는 대통령의 가까운 친척으로 등장해서 대통령이 경호원들과 해외 순방을 할 때는 꼭 참석하여서 귀빈들을 함께 만났다.

　또 김영삼 대통령이 꿈마다 나타나는데 한 동네 옆집에 살고 있었고 마냥 자주 보기는 하지만 서로 대화를 나누거나 인사를 해

본 적은 없다.

　김대중 대통령은 꿈에 본 적이 없다.

　노무현 대통령이 서거했다는 소식을 듣자 곧 법당으로 들어가서 축원을 올렸는데 그날 저녁 꿈에 내 집을 찾아와서 거실에 앉아 계셨다. 묻고 답했다.

　"이제 가시면 다시 뵙기 어려우니 저의 절을 받아 주십시오."

　"오냐~ 그렇다. 절을 하라."

　꿈속에 눈물이 비 오듯이 하였다. 뒤바뀐 망상들이 허망함을 알아가는 나이인지 요즘은 꿈이 없다.

　滿月堂

亡했다

나는 차茶 때문에 망했다. 중은 위선 9단이 되어야 한다고 들었다. 차는 위선의 상대인 진솔함을 가르치고 진솔함의 근원인 자연의 순리에 따르게 한다. 자연의 순리는 존재의 순수함을 일깨운다. 존재의 순수함은 내가 누군지 모르게 한다. 내가 누군지도 모르는데 어떻게 인과因果를 논하고 설법說法과 사귀겠는가. 그래서 가난할 수밖에 없는 다인茶人의 길을 걸어간다.

滿月堂

우유

척산온천에서 목욕을 한 후 휴게실의 그늘에서 일행들을 기다리다가 갈증을 못 이겨서 아이스크림을 찾았는데 얼음으로 된 것은 없고 모두 우유 제품이었다. 무심코 하나 집어서 맛있게 먹고 갈증을 풀었는데, 아뿔싸~ 역시나!

조금 있으니 소식이 오면서 설사를 하기 시작하였고 삼 일 동안 고생하였다. 과거에도 강원도 여행길에서 일행들에게 얼음 아이스크림을 부탁하였는데 스님께 좋은 것을 권한다고 하여 우유 아이스크림을 주므로 받는 것이 예의라 생각하며 맛있게 먹었는데 채 1시간이 되지 않아서 구토와 설사를 반복하고 현기증이 와서 여행길을 망친 적이 있었다.

1998년 기통하기 전에는 우유를 즐겨 마셨고 매일 아침마다 절문 앞에는 우유가 배달되어 있었다. 그러던 나의 몸이 많은 변화를 거치게 된 것이다.

하루는 신도가 김정문 알로에를 가져와서 컵에 따르고 일행들과 나의 앞에도 놓았는데 내 앞의 알로에는 그대로 거품을 일으키며 상해 버렸다. 이상히 여긴 신도가 여러 번 알로에를 내 앞에 놓

아 보자 모두 다 거품을 일으키며 상하고 말았다. 그때 이후로 알로에
는 먹지 않는다.

정읍시 백학농원에는 장 도인이라는 분이 계시는데 육군 대령
출신에 기계공학 박사이며 한학자이자 과학자이다. 하루는 이렇
게 말했다.

"스님께서 기통하신 건 맞는 모양입니다. 지금 전 세계 과학자
들이 우유는 사람 몸에 맞지 않다고 이미 결론지었습니다만 우유
가 세계 경제 산업과 연결되어 있어 함부로 말하지 못하고 있을
뿐입니다."

오늘도 척산온천을 들렀으나 유제품밖에 보이지 않으므로 음료
로 가볍게 목을 축일 뿐이다.

滿月堂

저승사자의 일갈

　내 나이 25세에 둘째 형수님의 오빠가 자살하였다. 경북대학교 수재로 졸업하였고 육군사관학교 출신으로 사회에 첫발을 디디고 부산 남포동에서 룸살롱을 하였으나 오래 버티지 못하고 고향인 밀양으로 내려갔다. 생계를 위하여 부인에게 조그만 식당을 운영하게 하고 다시 재기의 기회를 찾는 중이었다.

　그때에 가끔 식당을 들리면 평소에 술을 가까이하지 않던 부인이 장사를 시작하고는 손님들과 술을 나누는 모습을 종종 보곤 하였다.

　"여보~ 밥만 팔고 손님들과 술을 마시지 마라."

　그러나 술을 마시는 모습을 계속 보게 되자

　"자꾸 그러면 내가 죽어 버린다."고 했다.

　시간이 얼마 흐르지 않아서 짐짓 놀라게 할 생각으로 청산가리를 품에 넣고 조금은 먹었다. 그러나 식당에 들어설 때는 소량의 청산가리가 치명적으로 작동하여 말도 잇지 못하고 병원으로 실려 갔는데 금방 죽지도 못하고 목이 타지만 의사가 물을 주면 안 된다고 해서 고통 속에 결국은 자식을 잘 부탁한다는 한마디 끝에 숨을 거두고 말았다. 그리고 당감동 화장막으로 갔을 때 내가 집전하였다. 철커덕~ 꽝 하고 관이 들어갔는데 한 번 들어가더니 나오지를 않았다. 옆을 둘러보니 시간이 되면 관이 들어오고 나가고 하였으나 내가 맡은 관은 나오지를 않았다. 할 수 없이 관음시식을 하고 또 하고 끝없이 하였는데 소식이 없어 묻고 답했다.

"왜 제 관은 나오지를 않습니까?"

"스님이 너무 열심히 염불하므로 끝날 때까지 기다리고 있었습니다."

그렇게 해서 부산 기장 바닷가에 재를 뿌리게 되었다. 집안이 천태종 신도이므로 절에 49재를 맡기고 첫 재는 나에게 집전을 부탁하였는데 부산에서 밀양을 가기 위해선 일찍 일어나 서둘러야 했다.

그날 밤 꿈을 꾸는데 허공에서 구름을 타고 저승사자 두 분이 나에게로 다가오더니 다짜고짜 나의 멱살을 잡고 죽일 듯이 하며 말했다.

"그 사람은 약을 먹고 죽어서 저승으로 오게 되어 있는데 스님이 염불을 지극정성으로 하여서 일을 그르치게 되었다! 왜 해서는 아니 되는 일을 한 것이냐!"

큰 소리로 외치는데 혼비백산하여서 깨어보니 꿈이되 온몸이 땀에 흠뻑 젖고 시간은 아침 10시가 넘었다. 그래서 갈 수 없게 되었다. 집전을 그 절에서 하였고 나는 두려움에 떨었다. 생각해 보면 금강경의 이치도 설파하지 못했고 도의 문턱도 밟지 못하고 돌팔이 중이 정성만 앞세우는 것 때문에 천도를 흐리게 하는 일인 줄조차 몰랐던 것이다.

만약 그때에 나의 혼백이 청정하고 오직 마음 가운데 한 법도 존재치 않음을 알아서 선과 악의 한 생각도 망상의 씨앗이며 윤회의 근원이며 업력임을 알았다면 두 저승사자가 찾아와서 어떻게 내 목을 조를 수 있었겠는가.

만 중생을 제도하고자 한다면 마땅히 도를 깨치고 도의 문 안에서 노닐 수 있어야 함을 그때의 일로써 거울삼게 되는 것이다.

滿月堂

어찌 본받지 않으리오

나는 군에서 폐결핵 4기로 의병제대 하였다. 우연한 인연에 귀인을 만나 지극한 간호를 받고 회복되었으나 6년 뒤 다시 재발하여서 각혈과 기침이 멈추지 않으므로 또다시 우연한 기회를 만나서 회복할 기회를 준 곳이 천리교이다.

천리교에서 2년을 살았고 결핵은 완전히 회복되었다. 그때에 어느 겨울날에 우리는 교무실에 둘러앉아 난로에 의지하면서 추위를 녹이는 등 덕담을 나누고 있었다.

한 아가씨에게 물었다.

"아가씨는 질병도 없고 건강한데 천리교에 어떻게 입소하였나요?"

"나는 어머니의 신앙생활에 감읍해서 천리신자가 되었으며 어머니가 자주 말씀하시기를 '기도를 하면 업장이 녹는단다. 인연끼리 만나는 법이며 인연 없는 사람은 만날 수 없다. 만약에 시집을 가는데 너의 남편 될 사람이 술꾼이라면 술을 적게 마실 인연을 주며 만약에 만날 사람이 상대를 때리는 사람이라면 세 대 맞을 것을 한 대 맞을 인연을 줄 것이니 큰 인연을 작은 인연으로 소멸하는 것은 기도와 봉사활동밖에 없단다.' 하시므로 나는 이것을 옳게 여기고 여기서 아픈 사람에게 봉사하기 위하여 왔습니다.”

어찌 본받지 않을 수 있겠는가!

滿月堂

나에게 신장이 따른다

정처 없는 만행 길에 갈 곳도 머무를 곳도 알 수 없이 떠돌아다니는 중에 대구 수성구에서 천도선법이라는 기 수련 단체의 간판이 눈에 들어왔다.

'아하~ 참으로 간판이 화려하구나! 저 정도면 3,000만 원은 들었으리라. 어떻게 하면 저렇게 좋은 간판을 달 수 있을까? 내가 한번 들어가서 천도선법이란 무엇인지 물어보리라.' 생각하였다.

원장과 일문일답을 주고받고 천도선법에 대하여 알게 되었고 일어나서 예를 갖추고 돌아가고자 하였다. 그때에 원장이 불러 뒤돌아보았다.

"스님~ 저는 지금 다리가 차갑고 굳어서 일어날 수가 없습니다. 왜 그렇습니까? 스님과 일문일답을 하고자 하는 순간 홀연히 관우 같은 키 큰 장군이 눈을 부라리고 스님 뒤에 버티고 서있으니 나의 몸이 찬바람에 물들고 얼음장처럼 변하기 시작하였습니다."

"그런 일이 있었습니까? 저를 쫓아내시지 왜 고생하셨습니까?"

"주체할 수가 없었으며 스님에게는 신장이 따라다닌다는 것을 아시라고 일러 드리는 것입니다."

"말씀은 감사합니다."

내가 볼 수 없는 것을 보는 사람들을 가끔씩 만났다.

滿月堂

포항에서의 예언

　하루는 직지사를 떠나서 포항으로 가게 되었다. 보경사에 방을 하나 잡고 보시는 없어도 좋다고 하였다.

　포항에서 그릇 장사를 하던 보살이 고향은 김천인데 친정아버지가 돌아가시고 마침 본인과 남대문 시장에서 옷 장사를 하던 동생이 동시에 부도가 났다. 그때에 직지사를 찾아와 내가 재비를 내고 재를 지내 준 적이 있었는데 포항에 왔을 때는 이미 3년 전의 일이었다.

　아는 사람이 없어서 그릇 보살을 찾게 되고 연락이 닿았는데 이번에도 부도가 나서 기소중지로 숨어있다 하였다. 그러나 포항에서 인심을 잃지 않았다며 몇 사람을 소개하였는데 청록관광의 최거사, 차주 보살, 농협 보살, 커피 보살이 늦은 밤 보경사 안 나의 방을 찾았다.

　"잘 오셨습니다. 오신다는 연락을 받고 저는 의관을 바로 하였습니다. 저는 여러분께 합격하고 싶습니다. 불교도 좋고 건강도 좋고 관상도 좋고 사주도 좋습니다. 무엇이든 물어서 저를 시험하여 주십시오. 저는 여러분들의 마음에 들어서 포항에서 살 수 있었으면 합니다.”

많은 이야기를 주고받고 날이 밝았다. 이렇게 해서 네 사람은 포항에서 내가 살 수 있도록 사람들을 소개하고 배려하였다. 네 분과 나는 포항에서 유지이고 갑부인 한 보살을 만났다. 들어서는 순간 관상을 보니 곧 과부가 될 것을 짐작했으나 짐짓 말하지 못하게 나의 입을 막으며 연신 과일을 내밀었다. 그래서 그냥 나왔다. 묻고 답했다.

“어째서 아무 말도 않는 것입니까.”

“말하지 말라고 신호를 주더이다.”

“어떻습니까?”

“기색을 보니 한 달 뒤에 남편이 다리를 다칠 것인데 다리가 낫고 난 다음 죽을 것입니다.”

과연 한 달 뒤 남편이 세면장에서 미끄러져서 다리뼈가 부러지고 포항 의료원에 입원하여 한 달 만에 퇴원하였다. 그리고 3일 뒤에 운전하였는데 집 앞에서 사고로 죽었다.

네 사람은 나의 예언 적중에 놀라움을 감추지 못했다. 그 후 2년이 지나고 양평으로 자리를 옮겼는데 마침 그 보살의 친구가 나를 만나고자 먼 길을 찾아왔다. 말했다.

“그 보살이 당시 스님 말을 듣지 않은 것은 한 남자를 사귀고 있었기 때문이고 내가 어느 점 집을 찾아갔을 때 그 친구가 사귄 남자와 함께 궁합을 보고 있는 것을 보게 되었습니다. 아마도 그때는 사랑에 눈이 멀어서 남편이 없었으면 하는 생각도 하였을 것입니다. 남편이 죽고 난 다음 사돈 팔촌까지 얽혀서 망하고 아들은 학비가 없어 대학을 중퇴하고 지금은 월세방에 살고 있습니다. 당시 스님 말을 듣지 않았던 것을 후회하고 있다고 합니다."

그리고 얼마 후 그 보살에게서 전화가 왔는데 스님 목소리를 꼭 한 번 듣고 싶어서 전화하였다고 하였다.

滿月堂

헛들은 경적소리

1981년 경북 선산 도리사에서 살았다. 도리사는 신라 최초 사찰 성지이며 부처님 진신사리를 모신 적멸보궁이 있다. 스승이 출타하신 어느 날 오후 3시경 산책길에 나서다가 차의 경적 소리를 들었다.

스승이 돌아왔음을 직감하고 마중하고자 하는데 다시 벨이 울렸다. 본시 스승의 성격이 급함이 이러하였다. 당시 도리사는 급경사 도로이며 비포장이므로 물건을 아래 주차장까지 지게로 운반해야 하였다. 급히 주차장으로 내려갔으나 스승의 차는 보이지 않았다. 분명히 소리를 들었는데 참으로 이상한 일이었다. 잠시 뒤 이 행자가 트럭에 짐을 싣고 오는 것을 보고 물었다.

"스승의 차 경적 소리를 듣고 내려왔는데 보이지 않는다."

"글쎄요. 제가 들어오면서도 보지 못했습니다."

이상한 일이었다. 나는 숨 가쁘게 내려온지라 옆 좌석에 타기로 하고 고바위 길을 올라와서 도리사 입구에 다다른 순간 우측 길이 허물어지면서 트럭이 전복되었다. 트럭에는 보궁의 탑을 조성하기 위한 바위들이 적재되어 있었는데 함께 뒹굴게 되었다.

이 행자는 바깥으로 튕겨져 무사했으나 나는 차의 앞바퀴 밑에 깔려 바위들이 덮친 상태였다. 구사일생으로 살아났으나 이 인연으로 당시 사대가 다 중상을 입었으며 특히 허리뼈 탈골 디스크가 왔으며 우측 손목 관절이 부러져 아직도 힘을 쓰지 못 한다.

어떻게 살게 된 것인가.

내가 떨어진 그 자리에 큰 구덩이가 있었으며 나는 그 속에 떨어지고 차의 앞바퀴 밑에 깔렸던 것이다.

어떻게 구덩이가 있었는가.

도리사 입구 계단 앞에는 예로부터 있던 큰 바위가 장엄하였는데 전날 스승께서 "내가 올 때까지 이 바위를 파 놓아라. 여기 다른 것을 심겠다." 하시므로 당시 보궁 공사를 맡은 인부들이 즉시에 작업하여 그 바위를 들어내고 나니 큰 구덩이가 생기게 되었던 것이다.

다음 날 나는 그 웅덩이로 인하여 목숨을 건질 수 있었다.

헛들은 차의 벨소리! 스승의 갑작스러운 행동! 내 절명의 위기는 어떤 관계가 있었을까.

滿月堂

숙명통1

　나이 16세에 출가하였고 진리를 탐구함에 목마르더니 나이 25세에 유불선이 하나의 도리로 돌아감을 살펴 알자 청송 주왕암에서 보림한 후 한양으로 올라가서 서초동 수안사에 머물며 장안의 불심을 두루 살피고는 다시 부산으로 내려와서 도반들의 도움으로 포교당을 열었을 때 이런 일이 있었다.

　당시 나는 부산 혜광 고등학교 기독교 재단에서 창립 24년 만에 처음으로 승려가 나왔다고 학교의 이슈가 된 적이 있었고 동창들이 모임에 참석해 줄 것을 부탁하자 부산 송도 바닷가 횟집에서 참석하게 되었다. 실로 오랜만의 해우인 모임은 반가움으로 이런저런 담소를 즐기는 중에 바깥에 갑자기 겨울비가 쏟아지기 시작하였다.

　서로는 소주를 한두 잔씩 기울이며 부부간에는 즐거운 담소가 오고 갈 그 시간, 갑자기 나는 식당 밖으로 이층 계단을 총총 내려가더니 해안가 방파제 앞 끝머리에 다가가서 꿇어앉고 울기 시작하였다. 하늘을 우러러 대성통곡하였으나 우는 내 자신은 그 이유를 알 수 없었다.

하염없는 피눈물을 쏟으며 대성통곡하는데 주체할 수가 없었다. 왜 그렇게 서럽고 한스럽게 울었을까. 나는 아직도 알지 못한다. 시간은 저녁 7시부터 새벽 4시 정각까지였다.

나로 인하여 모임은 어수선하여졌고 뿔뿔이 흩어지는데 다섯 명의 친구가 방파제 끝자리에 꿇어앉아 있는 내 모습을 위태롭게 생각하고 들어서 옮기고자 하였으나 손톱만큼도 움직이지 않았다고 한다.

식당 처마 밑에서 비를 피하며 혹시나 하여 가지 못하고 지켜보았는데 소낙비를 맞으며 한 맺힌 대성통곡을 하던 나는 갑자기 울음을 멈추면서 '내가 지금 왜 여기 있는 것이냐. 내가 왜 울었던 것이냐. 여기는 어디냐.' 하니 그때가 새벽 4시 정각이었다.

친구들을 이렇게 말했다. 피를 토하고 우는 그 모습은 참으로 우리를 애처롭게 하였고 벼랑 끝이 위험하여 들어 옮기고자 하였으나 남산 바위와 같아서 들려야 들 수가 없었다 말했다. 내가 정신을 차리자 그때서야 동창들은 헤어졌다.

내가 왜 이랬을까. 나는 모른다.

그러나 이 인연이 하늘과 통하여 무량겁으로 지어져 온 법력이 금생에 회복되어서 인간생각과 알음알이를 버리고 진실로 대우주의 비밀을 알게 되는 시작의 울음이었던 것이다. 지금은 알았으나 그때는 몰랐던 것이다.

滿月堂

숙명통2

나이 29세에 한 번 크게 우니 사람의 울음이 아니었고 저녁 7시부터 새벽 4시까지 운다는 것은 인간으로서는 불가능한 대 신력이었다. 숙명은 드러나기 시작하였다.

어느 사숙이 절을 인수하였는데 일 년에 주지가 6번 바뀌니 감당할 수가 없어서 내가 없이는 운영불가라며 수년을 나를 찾았다는 소리를 듣고 만나니 곧 울산 함월산 금룡사 주지를 맡게 되었다.

부임하고 한 달 뒤 이런 일이 있었다. 법회를 마친 뒤 나이 육십이 넘은 노보살이 갑자기 신명이 나서 큰 소리를 내는데 산이 떠나갈 듯 진동하였다.

"들어라~ 나는 이 고을의 산신이다. 이 산은 본시 함월산으로 수산 스님이 예로부터 주인인데 산의 주인이 돌아왔으니 이제 나는 간다. 이 스님을 믿고 따르면 인연마다 큰 소원성취가 있을 것이다."

그때에 처음으로 신의 음성이란 것을 들었다. 과연 내가 주지를 맡으니 신도는 구름같이 모이며 불가사의한 가피력이 생겨나서 사부대중들이 놀랐다.

어느 날 꿈에 부처님이 나타나서 내가 천서를 보았음을 말하자 너의 생각이 어긋나지 않으니 널리 이롭게 하라 하시곤 곧 나의 몸으로 들어와서 곧 나가시니 나의 몸에서 호안석 108염주가 바닥에 떨어졌다. 며칠 후 한 여인이 찾아왔다. 우리 동네 할머니 한 분이 대장암 말기로 곧 죽는다 하였는데 스님을 만나서 다시 살게 된 것을 보고 어떤 분인가 궁금하여 찾아 왔다는 것이었다. 하지만 그녀는 "저는 장로교 집사입니다." 하였다.

내가 이르기를 "그동안 신앙의 인연을 잘 밟아 왔으니 그 인연으로 오늘부터는 불교를 믿되 신도회장을 맡으세요." 하였다. 그날 부인은 인도에 있는 남편에게 전화하였고 남편은 급히 귀국하였다. 부인이 절에 다니지 않고 기독교를 고집하자 20년 동안 인도에서 들어오지 않았던 것이다. 섬유공장의 간부로 있던 그는 급히 귀국할 때 호안석 108염주를 구입하여 왔는데 며칠 전 꿈에 본 염주라서 "그것은 부처님이 보내신 나의 염주다."라고 하였다.

함월산은 달을 머금은 산이라는 뜻이다. 그때는 법호가 수산이었으니 몰랐으나 오늘날 나의 당호가 만월당인 것을 알았을 때 함월산이 떠올랐다. 만월은 보름달이니 어찌 달을 머금은 함월산에 살지 못할까.

또 금룡사이니 나는 갑진 청룡날에 태어나서 금기기는 금에 속한다를 자유자재로 쓰게 되니 어찌 금룡사에 살지 못하랴. 그때는 몰랐으나 지금은 알았다. 밟는 흔적 흔적마다 내가 전생에 살던 곳을 찾아 다시 살고 있으며 내가 전생에 만났던 사람들을 다시 만

나 다시 듣고 다시 가르치며 깨달음을 향해 나아가고 있다는 것을
그때는 몰랐으나 지금은 알게 되었다.

滿月堂

숙명통3

　연결되어 가는 지난 일들. 23세에 결핵으로 의병제대 하여서 김천 총지사에서 최 적선행 보살님의 지극한 보살핌으로 보림을 할 때 8개월간 두문불출하고 대장경을 수지 독송하였다.

　하루는 유마경을 볼 때에 '모든 상이 상이 아니며 상이 아님도 아니며 상이 아님도 아님이 아니다'라는 구절에서 홀연히 비몽사몽간에 내가 이조책상 앞에 앉아서 책상 위에 방금 보던 유마경을 놓고 방금 보던 '비상 비비상 비 비비상처' 그곳부터 다시 읽고 있는데 대명천지가 밝아지듯 경전의 뜻이 한눈에 다 알아지고 그렇게 난해하던 그 구절들이 속속들이 알아지는 것이 본래부터 다 알고 있던 뜻 구절이었다.

　구절구절에 탄복하며 읽어가는 그때에 천상에서 수많은 보살들이 영산회상을 이루며 법음을 전하는데 그 울림을 듣는 순간 깨어보니 찰나지간이었다.

　최 적선행 보살님은 신의로써 병고를 겪는 수많은 사람들을 제도하시고 이제는 열반에 드셨다. 생전에 말하기를~ "자네는 참으로 중 상이네. 중이라면 만 중생을 구제할 터이니 죽어서는 어떻게 산 중생을 구제하겠는가. 인연이 있어서 내 집을 찾은 것이니 여기서 병을 치료하게." 날이 새자마자 절 문은 열리고 사람들은 몰려들기 시작하였다.

불심과 법력과 신의의 의술로 중생을 제도하시는 진실한 그 모습을 지켜보게 되더니 오늘날 나도 그 어머니의 흔적을 따라가고 있다.

滿月堂

숙명통4

'새는 알에서 깨어 나오려고 한다. 알은 곧 세계다.
새로 태어나고자 하는 자는 하나의 세계를 파괴해야만 한다.
그 새는 신을 향해 날아간다. 그 신의 이름은 아프락사스다.'
− 『데미안』

비록 사람의 몸을 받았지만 중생은 면해야 한다. 왜냐하면 대우주의 섭리에는 중생이니 부처니 하는 것이 없기 때문이다. 중생이 곧 부처이며 부처가 곧 중생인 도리를 체득하는 그 순간 중생과는 멀어진다.

사람 몸이 전부인 줄 아는 그 순간부터 부모니 자식이니 금전이니 명예라 하는 그 늪 속으로 들어가서 마치 우물 안의 개구리가 바다가 넓은 줄을 알지 못한 채 좁은 우물 속을 대해로 여기고 있는 것과 같기 때문이다.

울산 금룡사 주지를 4년간 하고 마칠 즈음 생각하였다.

'나는 많은 방편을 얻었고 이곳에서 이름을 얻었다. 여기서 안주하면 큰 불사도 기다리고 몸도 편안하게 지낼 수가 있다. 여기가 산꼭대기인 것인가. 아직 여기가 정상이라 할 수 없다. 내가 듣기로는 비우는 것이야말로 곧 가득함이라고 하였다. 나는 많은 생각과 지식과 방편으로 가득 찼으나 아직 비우는 것을 생각해 본 적이 없다. 때가 되었으니 이제 비울 것이다. 과연 비우면 어찌 되나 지켜 볼 것이다.'

주지를 넘기고 모든 책은 아궁이에 불태우고 걸망 하나 지고 김천 직지사로 돌아가니 이는 나의 본집이다. 실로 감개무량하였다. 도감의 직책을 맡아 부목들과 함께 도량 정비의 일만 하였다. 낮이면 일하고 밤이면 자고 모든 생각을 쉬고 모든 만남이 끊어졌다.

세월은 흐르고 글은 잊어갔으나 마음은 편안하고 눈빛은 밝아져 갈 때 보이지 않던 것이 보이기 시작하였다. 글에 얽매이지 않고 생각에 얽매이지 않는 지혜가 드러날 때 비움이 참다운 공부임을 절실히 깨달았다.

滿月堂

숙명통5

홀연히 새벽 찬바람을 벗 삼아 직지사를 떠나서 12내연폭포 보경사에 머물게 되었다.

예전이나 지금이나 본사를 떠난 순간 대중이 주지보다 역량이 있어 보이면 역적이 되는 것이 만고의 법칙이라 할 수 있다. 보경사에서 따르는 신도가 늘어나자 눈치도 있고 떠나야 할 때 갈 곳을 몰라 근심을 일으키며 잠을 청하였다. 그날 밤 꿈속에 하염없이 산길을 걷는데 일주문까지는 길이 깊고 멀었다.

도량에 들어서 불빛이 보이는 곳을 찾아 스님을 부르니 이내 총무스님이 나오셨다. 이곳에 살고 싶다고 하니 소원이 뭐냐고 묻기에 여태 작은방에서 살았으니 여기선 큰방에서 살고 싶다 하였다. 이내 스님께서 한번 경내를 둘러보라 하였다. 이 방 저 방을 둘러보는데 뒤채 대청마루에 노스님 한 분이 앉아 계시기에 합장공경하였다. 말씀하시기를~

"여보게~ 잘 오셨네. 스님은 이 방을 쓰도록 하시게~"

문득 깨어보니 꿈이었다. 생시 같은 꿈, 그곳이 어딜까 생각할 때 홀연히 감포 기림사가 떠올랐다. 그날은 신년 1월 1일 해맞이

길에 밀리고 밀려서 1시간 거리를 12시간 이상 지체하여 밤늦게 기림사 경내에 도착하였다.

　꿈속에 본 그대로 불빛 있는 방사에서 스님을 부르니 꿈에 본 스님이었다. 꿈대로 큰 방을 안내하는데 이 방은 며칠 전만 하더라도 문화재 보물을 안치한 곳이었으며 박물관이 개원하여 부처님을 옮겨 모셨다고 한다.

　滿月堂

숙명통6

감포 기림사에서 상주할 때 이상한 일들이 있었다. 자고 일어나면 온몸이 땀에 젖어 있고 이부자리도 젖어 있었다. 걸을 때면 손에서 비 오듯이 땀이 흐르며 운전을 할 때도 양손에서는 비 오듯이 땀이 흘러서 핸들을 잡을 수 없을 지경이었다.

나는 건강하다고 생각하는데 왜 밤낮으로 땀이 흐르는 것일까. 땀이란 대개 허약한 사람이 흘리는 것 아닌가. 경주 시내에 한의원을 찾아서 상담을 하였다. 땀이란 대개 허약한 사람이 흘리는 것인데 스님은 건강하다고 판단되니 원인을 알 수 없다 하였다.

양손을 들고 있으면 손바닥에서 물방울이 퐁퐁 튀면서 빠져나오는데 이상한 일은 계속되었다. 그때는 몰랐으나 지금은 알게 되었다.

20년간 기체험을 하고 있는 실제경험으로 보아 일단 산승에게 10분의 기체험을 시작할 때 공통적이고 일관된 법칙이 작용하고 있었다.

그 첫 번째가 10분 동안 비 오듯이 땀을 흘리기 시작하는데 기체험이 끝나고 보면 법당 바닥에 사람모양 그대로의 땀자국이 선연히 남는다. 이것은 과거에 내가 비 오듯이 땀을 흘리던 모습과 다름이 없다.

때에 이르러 하늘이 나를 정화시키기 위하여 살과 뼈와 피와 골수에 스며있는 탁한 기운을 제거하고 온전한 몸을 만들기 위한 작업을 하였던 것처럼 기체험 회원들은 허공과 하나 되어 있는 나의 몸을 통하여 정화되고 있는 것이다.

우리가 백일기도를 지극정성으로 하였을 때 여러 마장들이 작용하지만 그 마장 가운데 으뜸의 마장이 눈물이다. 눈물은 참회하게 만들고 참회한 자는 업장이 녹고 업장이 녹은 사람은 번뇌가 떨어지고 번뇌가 떨어진 사람은 눈빛이 청정해진다. 세 살 때 아이들의 눈빛은 청정하다. 청청한 그 눈빛은 해맑은 모습으로 드러난다. 도를 이룬 노승들의 눈빛은 청아하고 해맑은 미소를 보이는데 세 살 때의 순진무구의 마음을 얻었음이며 이것이 모든 부처님께서 말씀하신 분별심을 버리라는 것이며 또한 대우주의 무심을 득력해서 소우주와 대우주의 합일을 이루라는 깨달음에 들어간 것이다. 기체험을 통하여 비 오듯이 땀을 흘린 회원들의 공통된 이야기는 한숨 잔 듯하다, 왠지 마음이 편안하다, 몸이 좋아진 듯 아픈 곳이 없어졌다고 한다.

드러난 대우주는 보이지 않게 우주의 진리를 머금고 이렇게 소우주와 통하고 있음을 그때는 몰랐으나 지금은 알았다.

滿月堂

숙명통7

1996년 기림사를 떠나서 대구 우방타워 앞에 포교당을 개원하였다. 인연을 맺었던 포항과 경주의 신도들이 거리가 멀다고 오지 않았고 다시 고립되었다. 할 수 있는 것은 예불과 산책하고 차 마시는 일이었다.

그러던 어느 날 따뜻한 햇살 가운데 마루에 앉았는데 홀연히 천상에서 한 여인이 내려오더니 손에는 먹이 묻지 않은 큰 붓을 들고 나를 향하여 한 번 휘감으니 그 순간 나는 등에 봉황이 새겨진 것을 보고 가슴에 봉황이 새겨진 것을 선연히 볼 수 있었다. 천인은 이내 몸을 솟구쳐 허공으로 올라갔다. 참으로 희유한 인연이었다. 이 인연으로 나는 봉황의 수기를 받았다고 생각하였고 뒷날 내가 머무는 곳은 언제나 세계일화 봉황사라고 부르게 되었다.

마땅히 기도라 함은 축원이 따르는 것인데 눈 밝은 불자라면 세계일화의 축원을 하는 것이며 이 밖의 축원이란 사욕이 되는 것이니 불자로서 사욕을 가까이하지 않음이 도리이다.

등과 가슴에 봉황을 수놓으니 그 모습이 화려하고 장엄하였다. 인간의 눈은 앞을 보는 것인데 고개 숙이지 아니하고 뒤돌아보지 아니하고 선연히 볼 수가 있었다.

봉황의 봉 자는 새 봉 자로 수컷을 말하며 황 자는 봉황 황 자로 암컷을 말한다. 봉황은 암수가 한 몸이 되어서 천리를 나는 길조이다. 찾아오는 사람은 없고 할 일은 없었다. 그저 차나 마시고 쉬는 일 외에는 할 일이 없는 한 해를 보내고 있었다.

滿月堂

숙명통8

　1996년 대구교당에서 천인이 몸에 봉황을 수놓은 후 곧 양평으로 올라가서 만 평의 도량을 인수한 후 정각사라 하였다.

　1998년 여름 어느 날 홀연히 푸른 섬광을 보고 천지가 진동하는 소리를 듣고 몸의 기운이 바뀌고 생각의 흐름이 이치를 꿰뚫음에 분명해졌다. 비로소 지나간 삶의 흔적들이 하나의 길을 만나기 위한 업의 드러남이며 업장을 소멸하여 가면서 오늘의 눈 밝음의 하루를 새기기 위함임을 알게 되었다.

　천진하던 어린 시절 사리분별이 무엇인지 몰랐으며 중학교에 들어가서는 하염없이 걷기를 좋아하더니 고등학교에 올라가서는 부처님의 말씀을 만나서 진리의 길에 눈을 뜨고 기쁨을 이기지 못한 눈물을 날이 새도록 흘렸으며 부처님의 깨달음이 곧 나의 깨달음이 되게 하고자 밤을 낮 삼아 공부하더니 생시마다 꿈마다 영산회상을 친견하였고 한 생각이 청정하면 곧 부처님을 친견한 것이며 지금 이 자리가 곧 연화대임을 분명히 보게 되었다.

　천지와 함께하는 기통의 길을 만나고서는 수없는 천인들과 신장들과 조상님의 옹호를 받으면서 찰나에 우주허공의 기운들이 몸과 마음의 기운을 정화시켜 주는 것을 잠시도 멈추지 않음을 지금 지켜보고 있다.

　낮은 산 높은 골짜기를 향한 40년 세월의 노력. 지금 비로소 탐심과 진심과 치심을 멀리하고 삶과 구제를 하나로 꿰뚫어 가는 길을 가고 있다.

　滿月堂

숙명통9

1998년 여름 기통한 이후에 보림을 위하여 사대육신 근골조직을 바로잡고자 끊임없는 운동을 하였다. 한편으로는 생시마다 꿈마다 푸른 숲 골짜기에서 시퍼런 기운의 바람들이 내려오더니 끊임없이 내 몸을 관통하며 지나갔으며 허공의 천인들이 가사를 걸친 몸으로 나타나더니 나의 몸속으로 기운을 불어넣기 시작하였다.

정각사 마당 한편에서는 토네이도와 같은 강력한 기 기둥이 회오리치며 일어나더니 끝을 알 수 없는 허공과 연결 짓고 있음을 보고 뒷날 그 자리에 탑을 세웠다.

한나절 따뜻한 오후에 마당에서 햇살을 즐기고 있는 그때에, 홀연히 이 공간이 꽉 차 있음을 보았다. 무량한 허공 가운데 육각수의 무한 입자가 떠 있음을 보았고 그 육각수가 다시 거대한 육각수로 모양 지음이 끝이 없는 우주의 인드라망을 보면서 텅 비워져 있음은 곧 꽉 차 있는 것이라는 색즉 공, 공즉 색의 철리를 확연히 깨칠 수 있었다.

가벼운 것은 위로 오르게 된다. 업장이 소멸된 그 얼굴의 모습은 밝고 장엄하다. 오롯한 한 생각에 일체의 번뇌가 들어서지 못하는 그 자리 그 생각이 가벼움이다. 그 자리에서 온갖 분별에 꺼둘리지 않은 밝음을 득력하게 되면 오면 가고 가면 오는 것이 인연임을 알게 되어서 미움과 증오, 사랑과 애정이라는 일체의 상대를 넘어선 새로운 세계가 나타나는 것이니 곧 화엄의 바다를 보게 되는 것이다.

정각사에 사는 동안 이와 같은 경계를 만나면서 그동안 알기는 하였으나 잘 몰랐고 마음이 곧 우주라는 것을 듣기는 하였으나 깨치지는 못했던 지난날의 수행 흔적들이 주마등처럼 스쳐가면서 실증의 활연대오로 들어가기 시작하였다.

滿月堂

숙명통10

1996년 천인으로부터 봉황의 수기를 받은 이후 32년의 세월을 만나니 그동안의 일들을 돌아본다. 기통하면서 몸의 기운이 바로 잡히고 피는 신속히 돌고 신경의 존엄성을 알게 되었다.

끊임없는 운동과 명상을 통해 대우주의 섭리관이 호흡으로부터 시작되었음을 분명히 알게 되었다. 일체의 상대가 없는 절대의 무념무상과 무아를 체득함으로써 경계에 꺼둘리며 분별심을 놓지 못하는 중생심의 세계와 멀어지게 되었다. 청정한 본심은 사욕과 멀어지고 가난과 함께함을 즐길 수 있게 되었다. 그러나 애석한 일이다.

부처님께서는 나이 28세에 출가하시고 6년 만에 도를 이루시니 나이 33세였다. 일찍 성불하시므로 40년 세월을 전법 교화할 수가 있었다. 숙업의 지중함인가.

16세에 출가하더니 40년이 지나서야 근근이 불성의 평평한 도리를 이해하게 되었으나 어느덧 이순을 눈앞에 두고 있으니 어느 때에 전법하고 어느 때에 교화하겠는가. 무상이 신속하여 한생이 찰나임을 어찌 몰랐으며 나태와 게으름으로 세월을 이기지 못했단 말인가. 슬픈 일이다. 滿月堂

청수

　사시에 불전에 청수를 따르고 마지종을 울린다. 청수를 올릴 땐 변함없이 떠오르는 기억이 있다. 30년 전 어느 날 경남 사천 어느 부락의 이장 댁에서 7일간을 보냈다.

　마을 사람들은 농사일을 마치면 이장 댁으로 모여들고 윤 선생과 나는 뜸, 지압, 침으로 봉사하고 있었다. 하루는 방 안에서 쉬고 있는데 마당에서 목탁소리가 들려 어느 스님이 탁발 중인가 생각되어서 문을 열어 보았는데 아무도 없었다. 잠시 뒤 또 목탁소리가 나므로 문을 열어 보았으나 인기척은 없었다. 이상하게 생각하고 동네 분에게 물었다.

　"보살님 혹시 근처에 절이 있습니까?"

　"바로 뒷집이 절이에요. 근데 오래전부터 빈 절입니다."

　담을 넘어 절 안으로 들어서서 법당에 삼배 올리고 상단에 쌓인 먼지를 털고 각 단마다 청수를 올렸다. 아마도 신장님이 목이 마른 차에 갈증을 하소연하기 위하여 목탁소리가 들리게 하였음을 알게 되었다. 그리고 다시 목탁 소리가 들리지 않았다.

滿月堂

영약 靈藥

　1998년 홀연 기를 통하고 환골탈태하였다. 그해 함안에 계신 불교가수 지연 스님을 찾아뵙고 봉삼을 얻어먹으니 이 일을 알고 양평 농원의 성 거사님이 중국 공산당 서기장을 통하여 백두산에서 온 웅담을 주었으며 양평의 조 거사님이 오래된 산삼 두 뿌리를 가져왔다.

　그리고 도반스님 두 분이 각각 장뇌삼 6뿌리와 강화도 인삼 한 박스를 가져와서 먹었다. 그리고 두 달 뒤 양평 정각사에 머무는데 어느 연변사람이 와서 말하기를 "인천공항에서 만월 스님이라고 기를 통하신 분이 양평에 있다는 말을 듣고 찾아왔는데 저는 백두 장뇌산삼을 한국에 팔기 위하여 왔습니다. 사업이 잘될 수 있도록 장뇌산삼 10뿌리를 시주하니 받아주세요." 하였다.

　내가 허락하고 받으니 바람같이 떠났으며 그 자리에서 바로 먹었다. 며칠 뒤 또 어느 연변사람이 찾아와서 같은 말을 하더니 장뇌삼 10뿌리를 두고 가서 즉시 먹었다. 그리고 시간이 다소 흐르고 정읍 백학농원에서 광주 정종기 거사와의 숙연으로 자선초 두 뿌리를 차로 달여 먹었고 산삼 460뿌리를 먹었으며 산삼주 한 말과 영광 법성포 70도 술을 두 말 마셨다.

70도 법성포주는 산삼주 못지않게 기혈을 뚫고 공력을 크게 일으켰다. 하루는 심마니의 대부 박영수 거사님과 박 도인 그리고 몇몇 사람이 산삼을 거래하는 장면이 있었는데 박 도인이 말하기를 "스님은 지금 대한민국 최고의 산삼거래 현장을 지켜보고 있습니다. 심마니가 산삼을 캐더라도 이와 같은 현장에서 거래하지 않고 직거래를 한다면 심마니로서의 생명은 끝난다."고 하였다.

그리고 일본으로 건너갈 때 정읍의 박 도인이 산삼 100뿌리를 말려서 유용하게 쓰라고 건네 받았는데 펼쳐보니 황금색 물결 같아 눈부셨다. 일본 사람에게 산삼을 논하는 것은 마치 돼지 목에 진주를 거는 것과 같다는 것을 알고는 내가 다 먹어 버렸다.

기체험 중 공력이 필요해서 한국에 연락해서 법성포 70도 술 한 말을 일본에서 받아먹었다. 광주 정종기 거사에게 자선초를 환약으로 바꾸어서 일본으로 부치라고 하니 약 두 되 정도의 분량을 보내었는데 돈으로는 환산할 수 없는 양이었다. 아직 완전히 마르지 않았으므로 건조를 위하여 신문지를 펴고 고르게 흩어 놓으니 자선초의 환약에서 엄청난 기 기둥이 발생하여 하늘로 치솟는 놀라운 광경을 목격하였다.

가끔 숲에서 기 에너지가 발생하는 것을 본 적은 있지만 숲의 1,000배 이상의 기 에너지가 발생하는 것을 보고서는 놀라움을 감출 수 없었다. 회원들에게 약간씩 권하였을 때 변화가 있었다. 예를 들면 손에 땀이 나지 않던 사람이 다음 날 땀이 나는 경우이다.

남은 잔량은 모두 내가 복용했다.

그 이후에 자선초와 봉황 산삼을 다시 만나게 되고 산삼은 1,600뿌리 이상을 먹었다. 자선초와 봉삼, 산삼의 인연은 아직도 이어지고 있다.

滿月堂

공부 많이 하지 마라

내 나이 25세에 젊은 나이에 집을 가지는 사람을 보고 나는 집을 가지지 않겠다고 마음 가운데 다짐하였다.

세속인은 타향살이보다는 고향이 좋을 수도 있으나 마음 공부하는 사람이 집을 가지면 얽매임만 더하고 저 낮은 산골짜기로부터 높은 산골짜기까지 가 볼 수는 없다고 생각하였기 때문이다. 사랑에 속고 돈에 울어보지 아니하고서 현실을 냉정히 직시하며 중도의 마음을 가지기가 쉬운 일이겠는가. 죽기를 각오한 인연으로 화병 직전까지 가 보지 않고서야 깨달음이 확연해지겠는가. 화병을 겪어보지 못한 사람이 화병을 겪고 있는 사람을 제도할 수 있겠는가.

이 세상을 살아가는 중생들의 불행의 원인과 행복의 방법은 무엇인지 잘 알아두었다가 훗날의 교화 방편으로 삼고 싶었던 조그마한 원이 있어서 오랜 세월 주유천하하였다.

세월은 흐르고 어언 40년. 내 나이 지천명을 넘어서고 있다. 끝없는 방황. 나는 누구인가. 뒤돌아볼 틈도 없이 공부하고 경험을 보탠 것이 경륜이 되고 깨달음이 되었으나 홀연히 설 자리가 없어졌다.

이제는 조용히 쉬고 싶지만 공부 외에는 돌아보지 못한 것이 화근으로 번뇌의 늪을 세우고 있으니 조금은 불행하게 되었다. 돈도 없고 절도 없고 때마침 이빨까지 10년의 수명이 다 되어서 힘들어하고 겨울의 난방비도 걱정이다. 어찌 이리 되었을까.

옛말에 굽은 나무는 산을 지키고 곧은 나무는 베어서 대들보로 쓴다 하였으니 나도 한 절에서 떠나지 아니하고 살았다면 주지는 하였을 것이다. 주유천하하면서 눈은 밝아졌지만 늘 어른들의 말씀이 귓전을 때린다.

"얘야~ 너무 많이 공부하지 말거라. 공부 많이 하면 밥을 굶는다." 라고 하시니 내가 말했다.

"스님도 참~ 무슨 소리를 하시는 겁니까? 아니~ 공부를 많이 해야 이 다음에 큰스님 되어서 큰절 짓고 잘 살지요."

그때에 스님의 말씀을 잘 알아듣고 깨우쳤더라면 오늘의 힘든 상황은 줄어들었을지 모른다. 한참 후에서야 내가 공부를 해보니 잘 아는 사람은 정직해야 하며 가난도 즐거움이며 나누어 쓸 줄도 알아야 하고 허망하고 망령스러운 짓을 해서는 안 된다는 것을 알게 되었다. 그때 어른들의 말이 맞았던 것이다.

비록 사주를 공부하였지만 오늘까지 부적 한 번 쓴 일이 없고 비록 관상을 보았지만 오늘까지 천도재 한 번 권한 적이 없고 다만 상대의 상황을 잘 알아서 객관적 조언을 끌어내기 위함이었다.

어찌 불제자가 불법을 깨우치게 하지 않고 외도의 방편을 권하겠는가. 아마도 어른스님들도 나와 같은 길을 걸어 온 것이 힘들었으리라.

비록 그렇더라도 가난 속에 사는 것을 두려워하지 않고 초야에 묻힌 즐거움을 놓치지 아니하고 인과가 역연한 수연성도 잘 알아서 혼돈을 면하고 한 번의 때가 있어서 부처님의 가호로 인연 있는 사람들이 모여서 불법을 선양하고 지천명을 넘어 갈 조그만 암자라도 불사되기를 간절히 원한다.

무엇을 원이라고 하는가. 기다리지 않았는데 저절로 만나지는 것을 '원'이라 하고 구하려고 한 것이 아닌데 저절로 구해지는 것을 '력'이라고 한다. 나는 업력으로 이 세상에 태어난 것인가. 나는 중생구제의 원력으로 이 세상에 나온 것인가. 예전에 열반하신 동산 큰스님께서 말씀하셨다.

"스님~ 남기실 말씀은 없으십니까?"

"수행자는 견디고 참고 기다리는 것이다."

滿月堂

나는 돌팔이다

불심이란 무엇인가. 사성제 팔정도를 잘 꿰뚫고 있으면 불교인
인가. 인과응보가 역력함을 잘 이해하고 있음은 불교를 믿는 것인
가. 금강경을 줄줄 외우고 화엄경의 일승법을 체득하면 불제자인
것일까.

지난날 일본 동경에서 살았을 때 요쯔야에 살고 있는 야마까미 마
끼꼬 상과 막역한 사이였는데 하루는 근심 어린 표정으로 말했다.

"스님, 저는 시어머니가 늘 못마땅합니다. 어느 날은 가족과 함
께 외출하고 돌아왔는데 대문이 열려있어서 집 안으로 들어오니
장롱의 서랍을 뒤진 흔적이 있고 창문은 훵하니 열려있으며 방 안
은 난장판이었습니다. 도둑이 들었음이 분명하여서 곧 경찰에 신
고를 하려고 하는데 시어머니는 만류하면서 즉시에 창문 쪽을 바
라보며 연신 절을 하면서 '도둑님, 감사합니다. 필요한 것이 있어
서 왔을 터이니 우리 집을 방문하여 주어서 감사합니다.'라고 하
셨습니다."

야마까미 마끼꼬 상의 이야기를 듣고 시어머니가 불자인지를
물으니 그렇다고 하였다.

얼마 뒤 한국에서 온 나를 만나고 싶다 하므로 가족들과 함께 나를 찾았다. 그때에 시어머니를 만나서 오랫동안 덕담을 나누었는데 언어는 유순하고 예의는 밝았으며 신심은 몸과 마음이 하나로 통해 보였다.

과연 나는 도둑이 들면 감사하다 할 것인가. 아니면 경찰에 신고할 것인가. 불제자라면 어느 쪽이 바람직한가. 아마도 나는 도둑이 들었음을 알아차린다면 가슴은 놀라고 불안할 것이고 손재의 억울함에 신고할 것 같다. 그러고 보면 40년 불교 생활이 다 허황된 말장난을 터득한 것일 뿐이며 헛되이 시주물을 도둑질한 것이다. 어찌 쉽게 불교를 실천할 수 있겠는가. 돌팔이 중을 면하기가 쉬운 일이겠는가.

滿月堂

말법이란 없는 것이다

예전에 나이 20세에 중복을 입은 돌팔이였다. 좋게 말하면 미래의 부처가 세상 물정 모르는 철부지라고 해야 할지.

승복이나 입고 중이 되었다고 기뻐 날뛰지만 금강경도 모르고 천수경도 그 뜻을 알 길 없이 줄줄 외우기는 하였다. 그때에 대종소리가 '궁궁' 하고 십 리 길에 연속으로 울리기 시작하였는데 무슨 종을 난타로 치는 것인가 의심하던 중에 황악산1,110m 정상이 불길로 휩싸여서 끝없이 능선을 태우며 붉은 광명을 토하고 있었다.

난타로 치는 대종소리는 사중에 화급한 일이 생겼음을 마을 전체에 알리는 소리이며 저 아래에 사하촌까지 들리니 마을 사람들은 산불이 난 줄 알고 저마다 괭이며 삽을 들고 모이니 그 수가 헤아리기 힘들었다. 사중에 스님들도 모여들고 질서 있게 산에서 먹을 간식으로 빵과 우유를 배급받았다.

그때에 나는 은사스님이 참석함을 알고는 만약의 경우를 생각하여 은사스님 몫까지 빵과 우유를 챙기고 혹시나 해서 플래시라이트까지 준비하였다. 일행들이 산을 오르기 시작하자 은사스님 옆으로 바짝 붙어서 모시고자 하였다.

두 시간 넘게 산행을 하자 정상에 오르게 되었는데 굽이굽이 끝을 알 수 없는 능선을 따라서 불길이 치솟고 있는 그 모습은 참으로 장관이었다. 이곳 정상으로부터 보이는 곳은 충청도이며 직지사는 경상도이다. 그리고 능선의 바로 근처는 추풍령이므로 흔히 김천 직지사가 아닌 추풍령 직지사라고도 말한다.

　사람들이 한 번씩 땅을 두드리며 진압할 때마다 불길은 서서히 잡히기 시작하였는데 해는 어둑어둑 지고 있었으며 은사스님과는 멀어지고 일행들은 하산하였는지 남은 사람은 나와 동네 사람 5명이었다. 불길을 잡는 일에 몰두하다 보니 사람들이 하산하고 있음을 잊은 것이었다.

　산이 적막과 어두움으로 서서히 밤을 보이기 시작하였는데 마을 사람들은 내려갈 길을 알 수가 없어서 우왕좌왕하였다. 역시 산과 함께 계곡을 자주 가까이한 나의 한마디가 그 사람들에게는 지혜로 보인 듯하다.

　"여러분. 이렇게 어둡고 길을 모를 때는 달빛과 함께 계곡을 찾아서 그쪽으로 내려가는 것이 질러가고 정확한 것입니다."

　대중이 그렇다 하고 계곡으로 가기로 하였는데 한 치 앞이 어두워서 움직이지 못하자 내가 플래시라이트를 켰는데 주민들이 역시 스님은 다르다면서 수군거리는 소리를 들었다. 앞서고 뒤서고 하면서 불빛을 비추며 계곡을 내려오는데 일행들이 지친 듯해서 쉬어 가기로 하였다. 그때에 나는 한쪽으로 비켜 앉아서 담배를 피우게 되었다. 대중들이 수군거리는데, 저 중은 돌팔이라는 소리를 하는 것을 들었다.

한참을 오르고 내리면서 계곡을 조심스럽게 내려오는 중에 허기가 진다며 쉬어 가자고 한다. 그래서 은사스님과 나의 몫인 먹지 아니하고 지니고 있었던 빵과 우유를 '많이 드십시오' 하고 내어놓으니 기뻐하면서 반기는데 그때에 대중들이 수군거리기를 역시 도인들은 선견지명이 있는 모양이라는 소리를 들었다. 그런대로 크게 다치지 아니하고 새벽 2시경에 직지사 경내로 도착할 수가 있었다.

인심이란 어떤 것인가. 산중을 내려오는 동안 돌팔이가 되었다가 스님이 되었다가 도인이 되었다. 살면서 늘 그때의 일을 잊지 아니하고 공부로 삼고 새기곤 한다.

> 낮에는 시장에 사람이 많은 것은 시장이 좋아서가 아니라
> 필요한 것이 있기 때문이며 밤에는 시장에 사람이 없는 것은
> 시장이 싫어서가 아니라 필요한 때가 아니기 때문이다.
>
> – 고문진보 中

자신의 내면을 살피고 공부하여 가는 자는 이런 저런 칭찬이나 험담에 연연할 것이 못 된다고 본다. 좀 더 나아가면 잘사는 데 연연할 것도 못 되는 것이며 못산다고 주변의 흐름과 견주어 기죽을 일도 아닌 것이다. 좀 더 나아가면 수행의 본질을 쫓아서 언제나 마음공부를 보배로 삼고 부귀영화를 따르고 권력과 명예에서 자

신의 즐거움을 찾으려고 하는 것은 다 헛된 일임을 알아감이 진정한 즐거움이 되는 것이라고 본다. 언제나 시선을 안으로 거두어들이고 자신을 잘 살피는 것을 즐거움으로 알아서 하루에 한 번씩이라도 산책이나 가벼운 운동을 하는 것으로 홀연히 찾아오는 뇌졸중이나 암 등을 예방해야 한다.

참으로 병으로 쓰러지고서야 사람들의 칭찬과 비방이 무슨 도움이 되겠는가. 하루에 잠깐이라도 일상의 선禪을 행하는 것과 오고 가는 것이 다 자연이며 죽고 사는 것이 다 마땅한 일임을 뼈저리게 알아가는 것을 기쁨으로 삼아서 혹여 중병이 오더라도, 혹여 가난을 면하지 못하더라도 다 삶의 흐름인 것을 알고 의연함으로 불안을 이기는 것이다.

가끔씩 사람들은 요즘을 논하고 말세를 논하기도 하는데 속지 말아야 한다. 법이란 것은 바른 법을 말하고 바른 법이란 것은 진리를 말하는데 진리라는 것은 옛날과 지금을 논하지 않고 변함없는 것을 말한다.

옛 조사스님이 이르기를 비록 부처님 살아생전이라도 법을 받들지 아니하면 부처님과 같이 있은들 아무런 이익이 없으며 설사 부처님이 계시지 않은 요즘이라도 스스로를 등불로 삼고 큰스님들의 법으로써 진리의 횃불로 삼는다면 어찌 처음과 나중을 논할 것이며 말세 운운할 수 있겠는가 하였다.

시작이 없고 끝이 없는 것이며 정법이 없고 말법이 없는 것이며 다만 원융한 것이 불법이니 불법을 구하는 자로서 말세 운운한다면 자신의 내면을 살핌을 버리고 세상사 부질없음에 휩쓸려 가는 모습이니 참으로 깨달음과는 멀어질 수밖에 없다. 이러고서야 어찌 부처님 법을 믿는다 할 것인가. 조심하고 조심할 일이다.

滿月堂

만월당 일기 日記

　모르고 있을 때를 무명이라 하고 알고 있는 때를 지혜라고 말한다. 어리석음일 때 온갖 선악 분별이 망상과 업이 되고 깨칠 때에 분별 망상 속에서도 온갖 선악 분별에 떨어지지 않는다. 미리아는 것을 생이지지라 하고 최상승의 지혜라고 하며 일에 맞대어아는 것을 학이지지라 하며 어리석음은 면했다고 하는 것이다.

　나는 경자년 을유월 갑진일 병인시에 태어났다. 태어난 날을 자기로 삼는 것인데 갑은 고목이며 소나무를 상징하고 십간 중에 첫째이며 60갑자를 끌고 가는 으뜸의 갑목인 것이다.

　갑으로서 진일에 태어나서 갑진인 것인데 진이란 3월 청명을 말하므로 만물을 살리는 봄의 물 기운을 머금은 갑진이 되는 것이다. 갑진은 살아 천 년, 죽어 천 년, 고목 천 년이라 불리우는 주목나무와도 같은 소나무인 것이다. 그래서 살면서 어릴 때는 골목대장을 하였고 지금은 만 중생과 함께하는 지혜자가 되고 싶은 것이다.

　지나친 것은 모자라는 것과 같다고 하였는데 나는 오행을 갖춘중에 유독 금 즉, 쇠 기운을 가장 많이 받았다. 금은 소리이고 귀이며 이빨이며 폐와 대장에 해당한다. 년과 월은 인체의 왼쪽 부분을 말하는데 나는 왼쪽 부분에 금이 치우쳐 있어서 어릴 때 왼쪽 귀에 중이염이 왔고 이빨은 12개가 상했으며 커서는 폐결핵 4기로 의병 제대 하였고 늘 배대장가 아프고 어지럼증에 자주 기절기정하였다.

갑진일 병인시는 인체의 오른쪽 부분인데 인과 진은 인묘진 합 가운데 묘가 빠진 합으로 격각살이라고 하는데 뜻은 척추, 관절, 소아마비 증상을 말하며 두 살 때 오른쪽 다리에 소아마비가 있었고 나이 22세 때 도리사 절벽에서 떨어져서 요추 3번 허리뼈가 오른쪽으로 빠져나와서 디스크가 생겼다.

갑목 소나무는 물을 가장 귀하게 여기는데 나는 물을 넉넉히 타고 났고 이때 물을 어머니라 한다. 항상 볼 줄 아는 분들이 나에게 어머니가 두 분이라고 하였다. 후일 군에서 폐결핵으로 제대한 후 죽을 지경이 되었을 때 최 적선행이라는 보살님을 만나서 병을 치료하고 회복하면서 그 큰 은혜를 갚을 길이 없어서 평생을 어머니라고 부를 것을 맹세했으니 두 어머니가 된 것이다.

장성과 화개살과 인수가 합이 되면 중이 되어 본다 하였는데 경자년의 자는 장성이며 갑진일의 진은 화개살이며 경자년의 자는 또한 인수에 해당한다. 17세 전에 병술 백호 대운을 만나는데 갑진일의 갑진은 백호살이며 뜻은 비명횡사이다. 갑진일 백호가 운에서 병술 대운 백호와 진술 충 즉 상충이 되어서 황천문이 열리는데 유년시절의 기억이 마냥 걷기를 좋아하고 말이 없었고 절 문을 기웃거리며 오직 중이 되는 것이 소원이더니 마침내 중이 되었다.

중노릇은 세속의 조건인 오욕락을 버리는 것이니 황천길과 다름이 없는 것이다. 태어난 일과 시는 사회궁을 의미하는데 사회적 활동과 살아가는 자리를 의미한다. 나는 병인시에 태어났으니 인은 축인 간방 동북쪽을 말한다. 고향이 서부 경남 진주인 나로서는 직지사와 선산 도리사가 나의 집인데 정확히 동북쪽에 해당한다. 설악산 속초에도 살았는데 또한 동북쪽에 해당한다. 한편으로 나는 오행이 생생 불식하여 끊임없이 돌고 흐르고 막힘이 없으나 유독 토 기운이 부족한 것이 흠이므로 보완되어야 하고 도움 받아야 하는 문제점이 있다.

토 기운은 중앙을 말하며 사계절을 포용하고 위장과 비장 기운을 말하고 부친이며 여자이며 재물을 말한다. 그러므로 동북쪽에 살게 되더라도 중앙을 여의지 않는 것이니 직지사와 도리사는 내륙 중앙이며 서울과 부산의 한가운데이다. 속초 또한 설악산과 금강산을 의지하니 우리나라 한가운데이다.

한편으로 토 기운은 태산과 땅을 의미하니 땅은 평평하다고 하는 것이며 완만함을 보인다. 황악산 직지사는 산중 본사로서는 가장 구릉이 완만한 곳이며 속초에 사는 자리 또한 3만 평의 원암리 송림을 의지한 평지에 머물게 되는 것이다. 이로써 부족한 토 기운의 도움을 받게 되는 것이니 속초는 죽을 자리가 아니고 살 자리라고 보게 되는 것이다. 갑진은 소나무 숲을 의미하는데 송림 속의 초암에 머물고 있으니 마음은 머문 바가 없으나 몸은 기운을 따르는 것을 깨닫게 되는 것이다.

몸이 무간 지옥에 놓인다 할지라도 깨달은 마음에 지옥이 사라지고 몸이 천상에 놓인다 하더라도 어리석은 마음에 복진타락할 것이다. 대저 운명이 없는 것은 아니지만 깨달음과 기도와 적선 음덕에 바뀌지 않는다면 종교는 무슨 필요가 있겠는가.

1998년 홀연히 새벽 푸른 섬광을 만나고 천지가 무너지는 소리를 듣고 기통하였다. 뜻과 생각과 몸이 하나로 회통하니 천지인 유불선 성부와 성자와 성신이 하나임을 확연히 말할 수 있게 되었다. 당호를 만월이라 하고 모임을 만월회라고 하였다. 비로소 몸의 고통과 고통의 원인을 볼 수 있게 되었다. 귀는 수술해 중이염을 면하고 멀리 있는 소리도 들으며 간혹 들리지 않는 소리도 들리며 이빨은 그런대로 잘 씹을 수 있으며 우측 소아마비 다리는 스스로 고쳤으며 폐결핵이던 나의 폐는 누구보다 건강하고 배앓이 하던 대장은 건강하고 숙변은 없으며 우측 허리 3번 디스크는 통증이 없어졌으며 피는 신속히 돌고 흐르며 한겨울에도 손과 발에 땀이 멈추지 않으며 한 번 일할에 산천이 울리니 이로써 몸이 바로 선 것이다.

어떤 이가 그 운이 좋다 하더라도 그 운을 받지 못하는 것은 그 몸이 무겁고 그 몸이 맑지 못하는 것이 오는 운을 물리치게 됨을 알게 되었다. 대저 몸이 맑고 가벼운 것은 그 지혜가 그 몸을 살피기 때문이며 몸이 무겁고 맑지 못하는 것은 그 어리석음이 그 몸을 해치기 때문이다.

어찌 깨닫지 않겠는가. 어찌 공부하지 않겠는가. 어찌 방일하겠는가. 어찌 탐욕을 일삼겠는가.

滿月堂

1980년

    대한불교 조계종 통합수계 제1기식을 해인사에서 봉행하였다. 직지사에서는 5명이 갔고 전국 각 사암에서 모여드니 사미 행자 124명, 사미니 행자 140여 명이었다.

    대중방을 통하여 한 달 동안 조계종 중으로서 공통적인 생활습관을 이수하기 위한 통합의식 교육을 마치고 연비의식이 봉행되면서부터 중이 되었다. 중이 된 다음 날 새벽 해인사 대웅전에서 새벽예불에 참석하는데 단 한 사람도 장삼과 가사를 수하지 않았다. 이를 본 담당스님께서 왈~

    "이런~ 쳐 죽일 놈들! 중놈들이 장삼과 가사를 수하지도 않고 예불에 참석하는 것이냐!"

    모두들 담당스님의 일할에 혼비백산하여 대중방으로 달려갔다. 비로소 늦은 새벽에 모두 장삼과 가사를 수하고 예불에 임했지만 모두들 아직 자신이 중이라는 것을 실감 못 하고 있었다. 사시에 다시 불공을 마친 뒤 담당스님께서 중중승려증을 나누어 주시면서 큰소리로 외쳤다.

    "이제 여러분은 대한불교 조계종 중으로서 중중을 받았다. 지금부터 조계종 절은 모두 여러분의 집이 될 것이고 각 절마다 보름 동안은 예불 없이 편히 쉴 수 있으며 보름 이상 기거할 때는 사중 스님들의 허락을 받고 그 절의 규칙을 따라야 할 것이다."

우리를 중으로 만들었던 담당스님은 지금은 그 유명한 화엄경 강의의 대가이신 무비 스님이다. 이렇게 해서 중이 되었으니 제일 어른인 성철 스님께 인사를 가게 되었다. 백련암을 오르는 중에 잠시 뒤돌아보니 중놈들, 중년들 수백 명이 끝없이 산중을 오르는데 햇살에 중의 머리가 반짝거려서 눈이 부실 지경이었다.

그때에 삼천 배를 하는데 죽비에 맞추어 무릎 꿇고 절하고 죽비 소리에 맞추어 일어나니 여간 고역이 아니었으나 우리는 큰절 중이라 오기 전에 매일 직지사에서 108배의 워밍업을 하고 온 터라 크게 힘들지는 않았다. 암자에서 편하게 지내다 온 중들은 하룻밤 새벽으로 이어지는 삼천 배 끝에 대부분이 무릎 살과 내복이 서로 붙어서 살점이 떨어져 나갔다.

하룻밤 하루 새벽이 되었을 때 삼천 배가 끝나고 좌정하고 기다리자 드디어 성철 스님께서 나타나시고 그 모습을 지켜본 나는 찬탄에 찬탄을 금할 수 없었다. 백옥처럼 빛나고 금색처럼 서기방광하는 그 아름다운 자태의 모습, 어찌 잊을 수 있을까. 그때에 나는 이미 사욕에 물들지 않는 진정한 중의 모습을 보았던 것이고 소나무 숲 속에는 소나무 씨가 나듯이 나 또한 사욕 없는 중이 되고자 몸부림치고 살아온 것이다. 금강이 귀한 줄 알면 금과 은은 돌아보지 않고 깨달음의 세계가 곧 연화대인 줄 알면 사욕의 길은 돌아보지 않는 것이다.

　성철 큰스님의 한마디 말씀은 특별하지 않았다.

　"그래~ 중이 된다고 고생했다. 중노릇 잘하거래이~ "

　백련암을 하산하면서 우리는 모두 헤어졌다. 어떤 중놈은 절 짓는 데 미쳐 있고, 어떤 중년은 참선에 미쳐 사는데 중노릇을 잘하는 건지, 중노릇을 잘하고 있는 건지, 큰스님의 한 말씀, 중노릇 잘하라는 말씀은 아직도 인생길의 숙제일 뿐이다.

滿月堂

봉황과 청룡

어릴 때 글 읽기와 그림 그리기를 즐기던 아이가 나이 14세에 들어서니 루소의 『에밀』을 보던 중 제2의 탄생이라는 구절에 크게 감명을 받더니 독서의 즐거움을 누리게 되었다. 『그리스 로마의 신화』, 『플루타르크 영웅전』을 보던 중 임어당의 생활의 발견이란 책을 우연히 접하면서 존재에 대한 분별심이 일어나더니 플라톤의 소크라테스를 읽으면서 크게 감명 받았다. 알베르 까뮈의 『이방인』, 『반항적 인간』 등은 참으로 감명 깊었다.

다시 동양학을 접하면서 『논어』, 『맹자』, 『장자』 등을 읽으면서 도의 관심은 깊어져 갔다. 그러던 중 나이 16세에 불교를 만나니 비로소 참 성인의 말씀을 만났다는 기쁨의 눈물이 비 오듯 하며 마냥 잠을 이루지 못하고 경전을 읽게 되었다.

청담스님의 『마음』이란 책을 접하고 출가의 사연록을 읽고 감동의 물결 속에 세속에 인연이 다하고 불가에 몸을 담을 것을 서원함은 참으로 간절하고도 간절하였다. 그해 입산과 하산을 반복하니 해인사, 통도사, 계룡 갑사, 부산 내원정사를 거쳐서 김천 직지사에서 마침내 득도하였다. 나이 20세가 넘어가던 중 전관응 큰

스님께서 나의 눈을 보더니 참으로 눈빛이 중의 눈이다 하였고 제 현 선배님들의 말씀이 훗날 화상이 어디를 가던 화상이 있는 곳은 하늘에서 금이 쏟아지는 것과 같이 축복받은 곳이 될 것이라고 하였다.

나이 23세가 넘어가면서 경의 뜻을 깨우치고자 노력과 정진을 계속하였고 동양학 가운데 특히 명리학, 관상학, 골상학, 인상학, 성명학 등을 깨우치며 불교와 회통시키는 노력도 게을리하지 않았다.

그해 군에서 결핵 4기로 의병제대를 한 것은 삶에서 죽음으로, 죽음에서 삶으로 교차하는 큰 깨달음의 시기였다. 김천 총지사에서 최 적선행 보살님의 도움으로 큰 은혜를 입고 수행정진으로 결핵에서 벗어났다. 뒷날 어머니라 부르던 최 적선행 보살님은 기도 가피 약손으로 매일같이 수많은 사람들이 보살님의 손만 닿으면 병이 물러가고 불심은 깊어 갔으니 구름같이 모인 사람들이 보살님을 옹호하였다. 나이 24세에 처음으로 유마거사처럼 약사의 가피를 전하고 불심을 진작시키는 모습을 본 것이다.

총지사를 떠나서 제방을 돌아보는 가운데 다시 부산에서 활동하시는 양 원장님을 만나게 되었다. 나이 40세에 홀연히 기통이 되어서 기 치유로 많은 사람의 질병을 해결하고 문도가 구름같이 모이고 매스컴에 자주 소개되는 분이었다. 나를 보는 순간 스님은 나와 같은 길을 걸어갈 기통 인연이 있는 사람이다 하였고 그때에 처음으로 사람이 접촉하지 아니하고 그 사람이 기를 받아들이고 자발공을 일으키는 모습을 보았다. 내 집에서 머무르고 당신의 기를 전수받으라고 하였으나 정중히 거절하였다. 당시는 이렇게 생각하였다.

'나는 중이다. 중은 불법구도에 매진하여야 한다. 그렇지 않아도 천문과 지리를 통하였는데 더 이상의 외도는 구하지 않겠다.'

그러나 하늘이 허락하지 않은 모양이다. 그 후로 밤낮주야로 손발에서 땀이 흐르더니 멈추지를 않았고 생활에 불편함도 있었다. 대개 땀은 허약한 사람이 흘리므로 한의사는 원인을 모르겠다고 하였다. 그로부터 나이 36세에 홀연히 허공에서 천인이 내려와서 나의 몸에 봉황을 새기고 오르더니 나이 38세에 홀연히 기통을 하게 되었다.

그 이후에 다시 전북 정읍의 백학농원에서 중생교화 하시던 최씨 할머니가 있었다. 할머니의 이름을 듣거나 할머니를 본 사람은 온갖 질병에서 벗어난다는 것이다. 이른바 이것을 선視치료라고 한다. 쳐다보기만 해도 몸이 낫는 것은 현혹이다 하여 수없이 옥고를 치르기도 하였다. 생전에 할머니가 허공을 보더니 나와 같은 자가 있다고 밤중이라도 모셔 오라고 하며 직지사로 사람을 보냈지만 나는 믿지 않았다.

그러나 좌정관천 하는 종단의 흐름이 싫어서 홀연히 직지사를 떠나서 정읍을 찾았을 때는 할머니는 돌아가시고 아드님인 박 도인이 문주가 되어 있었다. 나의 그릇됨을 알아 본 박 도인은 보림을 위하여 자선초, 산삼 등 수많은 영약을 나에게 주어서 몸의 순환을 다스리게 하였다.

정읍에서 박 도인과 헤어지고 일본으로 건너가서 크게 이름을 떨치고 돌아왔다. 한국으로 돌아와서는 9년 동안 은거하고 살았다. 옛 선인들이 크게 교화를 이루었을 때는 반드시 가난과 청빈으로 먼저 몸을 다스리고 사욕을 없애고자 했던 것이다.

나도 또한 사욕과 멀어지는 힘을 얻는 것이 사마외도를 등지고 밝은 등불이 되고 어두운 밤의 횃불이 되어서 중생교화의 빛이 되리라고 서원하였다. 뒤돌아보면 나의 병을 치유한 총지사 보살님. 기를 전수받기 원하는 양 원장님. 나의 기통을 인정한 최씨 할머니. 모두가 질병구제와 진리 전도에 힘쓴 분들이다. 이 모든 스쳐가는 인연 가운데 금일금시에 나도 이 길을 걸어가기 서원하고 있다.

때가 되었는지 마산교당 약사선원 심수용 원장님께서 봉황이 새겨진 황색 진옥을 나에게 주니 봉황사의 참된 직인이 생기고 중국 3대 서예가 왕국민이 용龍자를 쓰고 홍일점을 찍으니 마른하늘에 뇌성벼락이 쳤다. 원본은 중국 역사기념관에 보관되어 있으며 중국 조폐 공사에서 용龍자 은메달을 찍어 소장하고 있던 왕국민이 중국을 방문한 심수용 원장님께 직접 선물한 것을 내가 받았다.

나는 갑진일甲辰日에 태어났는데 갑甲은 동방東方이고 색깔은 청색靑色을 말하고 진辰은 용龍을 말하니 나는 동방東方에 머무는 청룡靑龍이다. 어찌 이 용龍자가 새겨진 은메달을 걸지 않겠는가. 심수용 원장을 만나서 봉황의 사인寺印을 받으니 세계일화 봉황사世界一

花 鳳凰寺임이 증명되고 용龍자의 은메달을 받으니 동방東方에 머무는 청룡靑龍임이 증명된 것이다.

나무 동방 만월세계 약사유리광 여래불!

滿月堂

시계

　오늘은 종일 비가 오며 쌀쌀하고 춥기까지 하다. 차를 마시다 보니 문득 나의 시계 이야기가 떠오른다.

　일본에 있을 때 하루는 손목시계가 필요해서 일본 치바 시의 지하상가를 찾았다. 대체적으로 비싸지 아니하고 시간이 정확한 것은 '세이코'라고 어릴 때부터 생각해 왔으며 상가의 시계방을 찾아서 세이코 시계 중 추천을 부탁하였다.

　주인은 앉은 채로 시계 작업을 하고 있었는데 나를 보더니 벌떡 일어나면서 이렇게 말하였다.

　"어서 오십시오. 나의 집을 방문해주셔서 감사드립니다. 나는 시계만을 50년 동안 고쳐 왔기 때문에 당신이 누군지 나는 알 수 있습니다. 내 집에 도인이 찾아온 것은 크게 기쁜 일입니다. 시계는 색상을 고르시면 제가 잘해드리겠습니다."

　그 순간 나는 이 노인의 마음을 읽었으며 공자께서 말씀하신 '오도吾道는 일이관지라!'一以貫之 나의 도는 하나로 꿰뚫는 것이다라는 한 구절을 떠올렸다. 50년간 한길의 작업 속에서 하나의 일관된 이치를 몸과 생각과 마음으로 체득한 경지가 생겨서 보지 못하는 것을 보고 듣지 못하는 것을 듣는 힘을 얻은 것이라고 생각하였으며 한편으로는 나의 걸어온 길을 이 노인께서 알아주는구나 하고 느끼면서 마음으로 감동하였다.

세이코 시계를 저렴하게 구하고서는 감사하다는 인사를 하고 나오고자 하는데 노인께선 다시 나에게 이렇게 말하였다.

"죄송하지만 잠시만 시간을 주십시오. 내 집에 도인이 방문하였으므로 공양을 올리고 싶습니다."

그러고는 가계를 비우고서는 지하상가를 신속하게 빠져 나갔으며 보이지 않았다. 잠시 뒤 노인께서 가계로 돌아왔는데 손에 든 봉지에는 음료수와 과일 그리고 빵이 있었다. 그것을 나에게 전해 주며 조심해서 가시라고 하시면서 허리 굽혀 정중한 인사를 하였다. 나는 감사를 표하고서는 그 가게를 떠났으나 걷던 중에 잠시 뒤돌아보니 저 멀리서 내가 보이지 않을 때까지 나를 지켜보고 있었다.

나를 알아 준 그 노인과의 잠깐의 만남 그리고 그 노인이 추천해 준 시계를 나는 지금도 소중히 하며 특히 어느 명품시계보다도 귀하게 여기는 마음으로 간직하고 있다.

滿月堂

부끄러움을 떨치다

　나이 23세에 바랑을 지고 이곳저곳을 떠돌다가 마산의 어느 산속 암자를 방문하였다.

　산세의 아름다움에 빠져서 절 주인에게 일체의 보시 없이 조석예불하고 살겠다는 허락을 받고 방 한 칸을 쓰게 되었다. 하루는 돌아보니 신발에 구멍이 나서 흙이 들어오는 것을 보고 생각하였다. 나는 중이니 오늘은 탁발을 나가보리라. 운동화도 사고 용돈도 할 것이다. 사시기도를 올린 후 바람결에 하산하여 저자거리에 나오게 되었다.

　정처 없이 걸었다. 막상 탁발을 하려고 하니 미처 생각하지 못한 수줍음과 부끄러움과 망설임이란 친구가 나타난 것이다. 해가 지기 전에 돌아가야 하는데 용기가 없어 계속 이집 저집 기웃거리며 하염없이 걸었다. 부끄러움을 안고는 탁발할 수가 없었다. 그때에 생각하였다.

　'나는 중이며 중은 탁발할 수가 있는 것이다. 지금 내가 부끄러워하는 것은 내 마음속에서 일어난 번뇌인 것이다. 이 번뇌에 꺼들려서 탁발하지 못한다면 어느 때에 할 것인지 알 수 없는 것이다.

모든 사람들은 중이 탁발하는 것은 결코 이상한 일로 보지 않는 것이다. 지금 바로 장삼과 가사를 수하지 못한다면 다시 어느 때에 탁발할 수 있을 것인가.'

나는 큰 도로의 인도 변에 주저앉았다. 그리고 걸망에서 장삼과 가사를 끄집어내어 앉은 채로 수하고 요령과 발우를 손에 쥐고 일어섰다.

그러나 차마 가게 안을 들어설 용기가 나지 않았다. 마침 길 건너편 건물 사이로 주택가 골목이 눈에 들어와서 그곳으로 향하기로 하였다.

'나는 할 수 있다. 용기를 내야 한다.'

골목 안 첫 집에서 여법하고 큰 소리로 반야심경을 봉독하였다. 빈집인 듯해 아무런 인기척이 없으므로 다시 부끄러움과 자괴감이 찾아왔다.

'돌아가자. 안 되는 것이야. 탁발이 웬 말이냐. 다시는 하지 않을 것이야. 해가 지기 전에 들어가야 된다.'

나는 심중의 뜻과 갈등을 접고 돌아서서 길을 재촉하기로 하였다. 그때였다.

"스~님, 왜 가십니꺼. 이 쌀 가지고 가세요. 염불 다 듣고 드리려고 기다렸습니다. 성불하세요."

합장하고 첫 시주를 받은 순간 대명천지가 밝음과 함께 온갖 불안과 주저함의 그림자가 홀연 사라지며 흔적조차 찾을 수 없었다. 마침내 평상심대로 탁발할 수 있게 되었던 것이다. 그리고 용기를 얻어서 다음 집안으로 들어서며 신묘장구 대다라니를 큰소리로 읽었다.

"우리는 예수 믿어요~"

그렇구나. 다음 집은 불자일 것이야. 마음에 흔들림이 없었으며 동요조차 찾아 볼 수 없었다. 해가 지기 전에 내가 원하는 신발을 사게 되고 산속으로 돌아와서 저녁예불을 올릴 수 있었다. 그로부터 홀연히 생겨난 탁발의 인연에 이끌려서 3년 동안 전국각지를 떠돌며 탁발을 하게 되었다.

세상 속에 머물고 세상인심을 몸으로 깨달으며 세상 사람과 함께 호흡할 수 있는 남다른 인연은 탁발공부에서 비롯되었다고 생각하였다. 30년이 지난 지금도 여전히 가난한 생활에서 벗어나지 못하자 주변의 지인들은 탁발을 하면 굶고 배고프지 않을 수 있는데 궁색하게 살고 있느냐고 반문한다. 그러나 나의 생각은 다르다. 강을 건너기 위하여 뗏목에 의지했으나 강을 건넌 뒤에는 감사하다고 뗏목을 지고 다닐 수는 없는 것이다.

탁발의 경험으로 인한 공부를 마쳤다고 생각하기 때문에 먹고 살고자 탁발을 하고 싶지는 않은 것이다.

滿月堂

조언助言

나는 20세가 되기 전에 인생은 어떻게 풀어가야 하는지 선지식으로부터 듣고는 그 이후에 특별히 물은 적이 없다. 어릴 때 대한민국 경찰 1기생인 아버님은, "철아속명~ 내가 경찰을 해보니 누구도 법을 이기는 것을 보지 못했다. 법에 어긋난 일은 하지 않는 것이 좋다고 생각한다."라고 말했다.

그 이후에 살아오면서 마약, 대마초, 도박 등 법을 어기는 일은 하지 않겠다고 다짐하였다. 한 모금의 물을 나누어 마시지 말고 상대라도 제대로 마시게 하는 게 좋다.

밀양 파출소 소장이었던 아버님은 공비 토벌 명령을 받고 지리산에서 적군과 전쟁을 치르는 작전 중에 중병에 걸려서 동굴 속에서 신음하다가 죽음을 기다릴 때 몇몇 부하들이 간호하며 지키다가 가마니에 눕혀서 목숨을 걸고 산을 내려와서 병원으로 후송하여 살게 된 것은 평소에 이와 같은 처신 때문에 부하들이 은혜를 입었다고 생각하였기 때문이라고 하였다.

그 말씀을 듣고 오늘날까지 이익을 나누는 일을 좋아하지 않고 늘 손해 보거나 양보하고 사는 것이 바른 삶이라고 믿고 있다.

그 후에 아버님은 상가 건물을 세 놓으셨는데 가게를 인수할 분과 계약하면서 계약금과 중도금을 받았으나 얼마 후 그 사람이 잔금을 지불하지 못하게 되자 즉시 받은 돈을 내어 주었다. 이웃 사람과 묻고 답했다.

"배 사장, 계약을 위반하였으니 계약금은 돌려주지 않는 것이 당연한데 무엇 때문에 돌려주는 것입니까?"

"내가 남에게 돈을 떼이는 것은 상관없으나 남의 돈을 십 원이라도 떼어 먹으면 어찌 사람이겠습니까?"

그 말씀을 엿듣고는 오늘날까지 내 돈을 손해 볼지언정 남의 돈은 십 원이라도 떼어먹지 않겠다고 결심하고 살았다.

아버님의 세 가지 조언은 살아가는 데 많은 도움이 되었고 따로 선지식을 찾아서 자문을 구할 일은 특별히 없었다.

滿月堂

토굴

　나이 25세에 팔공산 팔문암이라는 빈 절로 들어갔다. 물 양동이, 지게, 도끼와 연장을 챙겼다.

　이곳에서 주역을 이해하고 나오겠다고 다짐했다. 아궁이에 불을 지피면 연기는 굴뚝에서 난다. 역으로 굴뚝에서 나는 연기를 보고 해를 쳐다보면 군불 때는 것인지 밥 짓는 것인지 알 수 있다. 이것이 격물치지이며 사물을 바로 볼 수 있는 힘이다.

　있음을 잘 알아서 없음으로 나아가고 다시 없음을 잊는 것은 유는 무에서 나왔음을 알고 이를 버리고 의지하지 않으며 신속히 평상심으로 돌아와서 일상의 생활 속에서 도를 잊은 도인의 삶을 살아가야 하는 것이다.

　격물치지를 모르면 만법귀일을 알지 못함이니 어찌 조사선의 일귀하처를 논하겠는가. 그래서 격물치지의 역易을 알아서 만법귀일의 숙제를 풀려고 한 것이다.

　아침에 일어나면 큰방 아궁이의 장작불에 의지해서 남은 불이 아까워서 밥솥을 넣고 밥을 했으며 김치는 동화사에서 얻어 온 걸로 아껴서 먹었다.

공양이 끝나면 얼어 죽지 않기 위해서 제일 먼저 나무하러 산으로 올랐다. 본사에서 부목들이 나무하는 것과 장작 패는 일을 보았으나 진작 지게 한 번 진 적이 없었다. 나무를 자르기 위한 톱질도 힘들거니와 지게질은 더욱 힘들었다. 여러 번 넘어지다가 급기야 밧줄로 묶어서 끌고 내려와야 절에 들어올 수 있었다.

그리고 장작을 패기 위해서 도끼질을 하면 한 번 내려친 도끼날이 장작에서 빠지질 않아서 여간 힘든 일이 아니었다. 폐사된 빈 절이라 물길이 끊어져서 물을 구해야 했다. 산을 하나 넘어 내려가면 아담한 절이 있는데 비구니 스님 한 분이 계셨다.

물을 써도 좋다는 허락을 받고 물지게를 어깨에 지고 양쪽으로 양동이를 걸었으나 산을 넘어 절에 도착하면 물은 다 흘러넘치고 없었다. 해가 지고 큰방 불을 지핀 후에는 아랫목을 찾고 공부에 몰두하였다. 글은 백 번 이상 보게 되면 스스로 그 뜻을 드러낸다는 믿음으로 읽고 또 읽었다.

여러 달을 겪어보니 부지런히 일어나고 열심히 나무를 하였지만 먹고 따뜻하게 자야 되는 일이 하루 종일이었다. 따뜻하게 자는 것은 좋으나 공부 시간이 너무 없었다.

하루는 크게 울었다. 내가 여기에 나무하러 온 것인가. 먹고살자고 온 것인가. 그렇지 않다. 오늘부터는 잠을 자지 못하고 밤을 지새우고 나무를 적게 하는 일이 있더라도 날이 샐 때까지 책만 읽을 것이다. 그렇게 하여 수 권의 책을 외울 수 있게 되었다. 어느 날 장작을 패는데 도끼날이 장작에 꽂히지 않고 '짝' 하는 명쾌

한 소리를 내면서 갈라졌다. 또 물지게를 지고 산을 하나 오르고 내렸으나 양동이의 물은 흘러넘치지 않았다.

이 큰 사건이 생긴 것에 놀라고 뒤돌아보니 내가 이 곳에 온 지 백 일이 되었다는 것을 알았다. 그때에 큰 깨달음을 얻게 되었다. 처음 해 보는 도끼질도 물 긷는 일도 백 일이 가면 저절로 통하게 된다는 것을….

그래서 나는 아직도 기억하고 있으며 자주 확신에 찬 어조로 말할 때가 있다. 도道라는 것은 가고, 가고, 가는 중에 알게 되고 행하고, 행하고, 행하는 속에 저절로 깨달아진다. 뒷날 수많은 선지식의 도움을 받고 깨달음을 성취하는 근거가 이곳 토굴 생활에서 초석을 다진 덕분이었다.

滿月堂

어머니

　한 여인이 있었다. 나이 20세가 넘으면서 군인 장교를 만나 결혼을 약속하고 아이를 가졌으나 장교가 돈 많은 여인과 결혼하여 배신당하였다. 그 후로 돈에 한을 품고 온갖 사업을 시작했고 대전에서 연탄사업으로 크게 성공하기도 하였다.

　어느 날 꿈에 백옥의 세 부처님 존상을 친견하게 되고 산천의 도량을 참배하던 중 경북 김천 직지사 산내 암자에서 꿈에 친견한 백옥의 세 부처님을 친견하게 되고 비가 새는 대웅전을 중수하였다.

　그로부터 발심하여 사업을 접고 김천 고성산 내의 시골집을 얻고 부처님을 모시고 살게 되면서부터 두문불출하고 대장경을 수지독송하니 방문을 걸었으며 하루 감자 몇 개를 먹으며 대소변은 측근이 해결하니 고행이었다.

　일 년 만에 걸었던 문고리를 풀고 나오니 이미 범인이 아니었으며 걸림 없는 변재와 약사의 법력을 얻고 총지사라 현판을 걸으니 법에 목마른 사람과 질병에서 벗어나고자 하는 무리의 행렬이 줄을 이었다.

　그때에 내 나이 23세에 육군에서 폐결핵 4기로 의병제대하고 직지사로 돌아와서 피를 토하면서 백일기도를 마쳤으며 바랑을 지고 고성산으로 들어가서 자살로 초야에 묻히고자 하던 중에 우연히 총지사를 발견하고 이분을 친견하게 되니 최 적선행 보살님이었다. 경내에 들어선 나의 모습을 보고 즉시에 결핵환자임을 알고 8개월간 두문불출하면 온갖 약을 써서라도 완치시킬 수 있으니 머물 것을 권유받고 몸을 의탁하였다.

그때에 두문불출하여 대장경을 보게 되니 온갖 부처님과 영산회상을 생시 같은 꿈을 통하여 친견하였으며 몸은 재우고 꿈을 통하여 경전을 읽고 깨닫기 시작하였다. 8개월 만에 폐결핵이 완치되니 이는 부처님의 위신력과 최 적선행 보살님의 덕분이었다.

그 후에 어머니라 부를 것을 약조하고 떠나게 되었으며 30년 세월 동안 일 년에 한 번씩 찾아뵙게 되었다.

세월이 흐르면서 어느 날 기통하고 기력을 얻고 보림을 마친 후 법에 목마른 자와 질병을 치유코자 하는 무리들이 구름처럼 모여들고 인연 따라 도움 받으니 나의 삶은 지난날 어머니의 삶에서 벗어나지 않는 것 같다.

총지사는 30년 세월을 거치면서 대작불사를 이루었으며 직지사 말사로 등록하였고 3년 전에 입적하시니 그 자손들은 어머니의 바른 생각을 보아 왔으므로 직지사에서 새로운 주지가 임명 받아 오니 사중재산을 탐내지 않고 모두 뿔뿔이 흩어졌다.

한 여인의 원이 바르게 이루어지고 바르게 회향한 나의 어머니에 대한 그리움과 존경심을 잊을 수 없다.

훌륭하신 나의 어머니! 살 때 살 줄 알고 사시고 죽을 때 죽을 줄
알고 죽었으니 부처님의 뜻에 어긋나지 않았도다. 묻고 답했다.

"스님이 나를 어머니라고 말하니 이는 나의 아들일 것인데 총지
사의 주지를 맡으시라."

"지난날 어머니께서도 초가삼간에서 가람을 일구었으니 나도
또한 그 길을 갈 것입니다. 유능한 중은 다 지어진 절에서는 살지
않는다고 합니다."

滿月堂

어머니 49재

2012년 8월 20일 모친이 작고하셨다. 슬픔도 잠시 미루고 담담한 마음으로 49재를 지내기로 하였다. 상망을 지나 첫 재를 지내고 그날 밤 신령스러운 꿈을 꾸었다.

어떤 산에 도착하였는데 그 곳의 산은 정상까지 올라가기 위해서는 밧줄을 허리에 링크해서 올라갈 수 있게 되어 있으며 굽이굽이 산허리를 감으며 올라갈 수 있도록 계단이 되어 있기도 했고 정상은 무척 높은 산이었다.

많은 사람들이 그곳에서 로프를 허리에 감으며 산을 타고 있었고 이 산을 오르기 위해서 입구의 주차장에는 수많은 관광버스가 도착하고 수많은 사람들이 산을 오르기 시작하였다. 그런데 홀연히 허공에서 수많은 사다리가 내려오고 수많은 사람들이 이 사다리를 타고 허공으로 올라가고 있었는데 참으로 볼 만한 기이하고 신령스러운 모습이었다.

나는 산을 오르는 사람들과 허공 속으로 사다리를 타고 바쁘게 올라가는 사람들을 바라보며 참으로 신령스러운 일이다 하고 생각하였다.

깨어보니 꿈이었다. 滿月堂

아버지

　　내가 도감을 맡고 있을 시절 한 통의 전화가 울렸다. 나는 4남 1녀의 막내이다.

　　"너도 알고는 있어야 될 것 같아서 전화한다. 아버지가 폐암 말기라서 6개월도 못 사신다고 하는데 수술하시면 3년 더 사신다 하여서 수술하기로 했다."

　나는 급히 부산 침례병원으로 향하였다.

　"아버지, 여기 뭐 하러 있습니까?"

　"몰라, 머리가 아픈데 퇴원도 시켜 주지 않는다."

　"그게 아니고예~, 의사하고 이야기 했는데 폐암 말기랍니다. 수술하시면 3년 더 사신답니다. 하지만 수술하지 마시고 그냥 가십시오. 아버지, 수술하시면 3년 더 사실 수는 있으나 내생에 좋은 곳에 태어나실 수 없습니다. 좋은 자궁은 혈과 기가 깨끗하여서 칼을 댄 흔적의 혼은 받아 들이지 않습니다. 아버지는 법 없이도 살 처신을 하여 살아오셨고 영남 도지사를 하시어 그릇 됨이 크시니 다음 생엔 장관 부인 자궁으로 들어가셔서 다시 공부할 수 있는 환경을 만드셔야 합니다.”

이 말을 끝으로 나는 직지사로 돌아왔다. 며칠 뒤 아버지로부터 한 통의 전화가 왔다.

“내가 너의 이야기를 곰곰이 생각해보니 일리가 있는지라 수술 하지 않고 그냥 죽기로 하였다.”

나는 본사에 휴가를 신청하고 병원으로 향하였다. 21일간 시봉하였다. 하루는 병인丙寅일이었다. 병은 불이며 인은 나무인지라 목생화하니 비가 올 수 없는 일진이었는데 새벽에 비가 오고 있었다. 아버지는 병인일에 태어났으므로 오늘 새벽 인시에 아버지가 운명하실 것을 직감하였다. 형제들에게 알려야 하였다.

“내가 하늘을 보니 오늘 새벽 5시 안에 아버지가 임종하실 것 같으니 내 말을 믿는 자는 빨리 오시길 바란다.”

아버지는 4시 55분에 ‘아무래도 가야겠다.’ 하시고 임종하셨다. 그 이후 13일에 한 번씩 인寅일이 돌아올 때마다 나는 아버지의 천도재를 지내었다. 그러나 단 한 번도 꿈에 아버지를 본 적이 없었다.

그러고는 8년이 흐른 어느 날 꿈에 생시같이 아버지가 나의 방 안에 앉아 계셨다.

“아버지! 어떻게 오셨습니까?”

“네가 하도 불러서 왔다. 이제 내가 왔다 간 줄 알거라. 나는 간다.”

깨어보니 생시 같은 꿈이었다. 누가 꿈에조차 보이지 않는다고 하였는가! 비로소 부르면 오고 만날 수 있다는 것을 그때에 알았던 것이다. 滿月堂

봉황鳳凰

1996년 여름 어느 날 나는 대구 두류동에서 40평 남짓한 주택을 얻어서 직지사 포교당이라는 현판을 걸고 살았다.

하루는 오전 햇살이 좋은지라 마당으로 나와서 난초에 물을 주곤 잠시 난간에 기대어 앉았는데 그 순간 허공에서 손에 붓을 든 한 천인이 내려와서 나의 몸에 봉황을 새기고는 다시 허공으로 올라갔다. 사찰을 방문하여 보면 법당 벽화에 비천상을 종종 볼 수가 있는데 바로 그 천인을 본 것이다.

얼굴은 미인보다도 아름다웠으며 얇은 비단옷 사이로 부드러운 살결이 보였고 허공에서 거꾸로 내려와서는 내 앞에서 원을 그리듯 바로 섰고 땅을 밟지 않았다. 붓은 큰 글씨를 쓰는 대붓인데 먹물이 묻지 않았다.

오른손에 잡은 붓으로 한 번 휘감듯 그 순간에 나의 가슴과 등에 봉황이 화려한 수를 놓듯 새겨진 것을 육신의 눈을 빌리지 않고 정확하게 볼 수가 있었다. 나의 몸에 봉황을 수놓은 천인은 허공으로 솟구치듯이 올라갔다.

그 이후 2년 뒤 1998년 여름 어느 날 홀연히 천지가 무너지듯 커다란 소리를 듣고 큰 바위 같은푸른 빛 덩어리가 눈앞에 나타나서 번쩍 하고 갈라지며 섬광을 일으키는 것을 보고 기를 통하였고 몸과 생각과 마음과 기운이 바뀌고 뒤바뀐 생각은 바른 생각으로 깨우치기 시작했고 20년 동안 보림을 하여 왔다.

숙세의 인연 있는 곳인지, 강원도 고성군 토성면 설악산 울산바위를 바라보는 자리에 조그만 토굴을 의지하게 되니 그동안의 보림과 만행을 잠시 접어두고 이제 비로소 금강산 세계일화 봉황사라고 부르게 되었다. 옛 천인이 나의 몸에 봉황을 새긴 후 20년 만의 일인 것이다.

滿月堂

만나면 이루어진다

이번에 중국을 다녀왔다. 북경에서 중국인들의 기체험이 있었는데 순식간에 기를 받아들이고 자발공으로 전생체험까지 하였다. 이들은 마음 수업을 즐기는 팀들이라고 하였는데 모두 이르기를, 중국은 영춘권, 태극권 등 내공을 쓰는 사람은 많으나 스님처럼 기통해서 만나자마자 즉시에 강력한 자발공 기체험을 일으키는 사람은 중국 대륙에서 저 티베트까지 찾아보아도 없었다고 하였다.

또 한국인들도 만났는데 그들은 스님과의 덕담 중에도 자발공이 일어나고 얼굴색은 밝은 기운으로 변하고 있고 말로만 듣던 기를 직접 체험하였다고 한다. 내가 이르기를,

"나는 여러분에게 기를 주었던 적도 없고 여러분은 나에게 기를 받은 적도 없다. 여러분과 나는 만났기 때문에 지금 기가 충만함을 느낄 수 있고 만남이 모든 것을 이루게 한다는 것을 알아야 한다."

이로써 일본에서 기통한 사람이 나 한 사람이며, 중국에서 기통한 사람은 나 한 사람이며, 한국에서 기통한 사람은 나 한 사람임을 확인하였다.

滿月堂

천인당

　1996년 대구 우방타워 근처에서 직지사포교당을 운영하였으나 신도는 없었다. 적적하게 지내던 어느 날 햇살은 따사로웠고 양기로움으로 충만하였다.

　마침 마당에 난초무리가 눈에 들어와서 물을 주었으나 방 안으로 들어가기가 싫어서 햇살과 함께 마루에 걸터앉게 되었다. 그 순간 허공에서 천인이 내려오고 산승 앞에서 사뿐히 몸을 돌려서 바로 섰는데 땅으로부터 1미터 정도 떠 있었다. 천인은 늘 비천상에서 보던 선녀의 모습을 하였고 얇은 옷을 입었는데 안으로 속살이 보이는 듯했다.

　곧 먹이 묻지 않은 굵은 대붓을 꺼내들고 산승의 가슴을 향하여 원으로 붓을 돌렸다. 참으로 순간의 일이었는데 붓을 한 바퀴 돌리자 산승의 등과 가슴에는 봉황이 화려한 모습으로 새겨졌고 지금도 선연히 보고 있다.

　산승의 육신의 눈은 앞만을 볼 수 있는 것인데 그 순간 어찌 나의 가슴과 등에 봉황이 새겨진 것을 볼 수 있었는지는 알지 못한다. 이때를 봉황의 수기를 받았다고 생각하였으며 또한 머지않아서 봉

황의 눈을 가진 불자를 만날 것이라고 생각하였다.

　한편으로는 눈 밝은 도인들을 만날 때면 만월당의 후광에는 키가 크고 장군의 복장에 긴 창을 든 천인이 옹호하고 있다는 소리를 들었으나 산승은 알지 못하였다.

　그로부터 20년 동안 모진 고생과 풍파 속에 동가식서가숙하는 마음으로 흘러 흘러 여기까지 왔는데 이곳 보평산 보평사를 참배하니 뜻밖에도 강심당천인당이 있었다. 강심이란 천인들이 천지인을 자유롭게 드나든다는 뜻인데 곧 천인당인 것이다.

　산승이 참배하고 살피니 본존에 긴 창을 든 장군이 좌정하였고 좌우에 천인이 옹호하는데 좌측 천인은 20년 전에 만났던 천인으로 먹이 묻지 않은 큰 대붓을 들고 서 계신다.

그때에 봉황의 눈을 가진 한 불자와 천인과 만월당이 서로 회우
하니 천인당에서 그동안 알 수 없었던 비밀이 드러난 것이다. 비
로소 세상에 난 인연을 분명히 알 수 있었고 만월당이 청렴을 원
력으로 때로는 비방과 조롱을 받은 원인을 깨칠 수 있었고 곧 여
기에 만월당을 지으니 이곳이 세계일화의 근본이 될 도량이라 생
각하게 되었다.

滿月堂

만월당 백서

　정유년에 시절인연이 도래하였음을 알고 정초에 대중들과 식구에게 말하였다.

　"만월당을 잘 보라. 산승은 시절이 온 줄 알고 있다. 머지않아 음력 7월에 귀인이 찾아올 것이다. 그들은 나를 세상 밖으로 나오게 할 것이다. 그리고 동짓달에 만월당이 머무를 절이 하늘에서 떨어질 것이다. 왜냐하면 만월당은 돈이 없기 때문이다."

　이를 잘 지켜보라 하였다. 하루 이틀이 덧없이 흘러가더니 음력 7월 어느 날 마당에 BMW승용차가 주차되어 있는 것을 보았다. 누가 시골마당에 귀한 차를 세웠을까 궁금하였다.

　일행은 세 명이고 빛고을 광주에서 왔다고 한다.

　'아~ 이 사람들은 천인의 화현으로 나를 옹호하고자 왔구나.'

　나는 즉시에 알았으며 다시 동지를 기다리고 있었다. 그러던 어느 날 나주 중흥골드 스파리조트 57평에서 기체험 법회를 진행하던 중에 조용한 시골집을 구하는 것이 어떨까 하여 의논 하였고 우연히도 무안 읍내의 보평산 보평사라는 절을 알게 되었다. 음력 7월에 만월당을 찾아온 귀인들의 참된 불심의 은혜를 입어서 동짓달에 보

평사에 들어오게 되니 동짓달에 하늘에서 절이 떨어진다는 말대로
되었다.

보평사에 입주하니 창건주 정암 큰스님이 2년 전에 열반하셨다고
하는데 태고당 보우 선사의 22세 손이었다. 도량은 후손들의 지극한
애사심으로 잘 관리되어서 참으로 기운이 청정하였다. 사람들을 모
으고 도량을 대청소하니 넓은 공양간에서 당분간 기체험 법회를 가
짐에 손색이 없을 듯해 중흥골드 스파리조트 체험장은 포기하였다.

이제 보평사의 주인이 되어 운력 참석 대중들의 피로를 풀고자 기
체험을 진행하니 그때 한 불자님에게 정암 큰스님의 음성이 실려서
나에게 이렇게 말했다.

"만월당은 들어보라~ 스님을 이 자리까지 오시게 하기 위하여 산

승은 자손의 꿈에 선몽을 내리고 스님이 불사하실 것을 대비해서 경내에 법당 터를 공고히 하여 두었고 이곳에서 크게 번성할 것을 잘 알고 있다~ 다만 나도 술 한 잔 할 줄 아니 혼자 드시지 마시고 나에게도 한 잔 올리시게~"

나는 혼자 마신 것을 미안하게 생각하고 앞으로는 한 잔 올릴 것을 서원하면서 후손들에게 차와 술을 올릴 단을 직접 제단하라고 하였다. 이곳 보평산 보평사에 오기까지 얼마나 많은 불자들의 옹호가 있었겠는가. 진심으로 시주의 은혜에 감사함을 가진다. 또 이 자리에 오기까지 얼마나 파란만장하였는가. 눈물이 비 오듯 하고 마를 날이 없었다.

滿月堂

만월당滿月堂 기체험

　재작년 11월에 만주를 가니 중국 사람들이 이르기를 참으로 귀한 사람이다 하였고 작년 4월에 북경을 가니 중국 사람들이 이르기를 참으로 중국과 티베트까지는 만월당과 같은 사람이 없다 하였다. 산승이 일본에 5년간 머물렀을 때 일본 사람들이 이르기를 일본에 만월당과 같은 사람이 없다 하였다.

　한국에 오직 나 한 사람 만월당. 전라남도 무안읍 보평산 보평사에 세계일화를 세우니 희유하고 불가사의한 만월당의 기체험을 받으라.

　滿月堂

안빈낙도 安貧樂道

산승은 안빈낙도安貧樂道의 삶이 어떠한 것인가를 본 적이 있나이다. 지난 날 수년 동안 거리의 천사로 만행하다가 청송 주왕산 주왕암에서 잠시 쉬었던 적이 있나이다.

때는 가을이라 단풍을 보기 위하여 수많은 사람들이 주왕산을 오르고 내렸습니다. 그때에 한 사람이 낙엽에 시를 적은 상품을 팔기도 하며 관광객들의 길 안내도 하곤 하였습니다.

산승이 주왕산을 오르고 내리면서 힘들 때면 이곳에서 잠시 쉬어 가곤 하였습니다. 한때는 사회에서 큰 사업을 하였으나 실패하고 산으로 들어와서 이곳에서 지낸지 7년이라고 하였습니다. 낙엽시를 팔거나 길 안내로 끼니를 해결하고 잠은 빈 집을 구하여 잔다고 하였습니다. 성품은 어질고 유순함을 보이고 눈은 빛나고 기색은 참으로 밝아 보였습니다.

한 생각을 돌이켜서 산으로 들어오니 산이 반겨 맞이하고 좋은 공기와 자연을 제공하고 끼니를 이어가는 것과 잘 수 있는 곳이 있다는 것만으로도 하늘이 내려 준 축복이라는 생각 외에 세상사의 시름은 모두 벗어 던진 것입니다.

과거심에 물들지 않고 미래심을 꿈꾸지 않고 현재를 유유자적하게 즐기는 그 모습은 참으로 보기가 좋았습니다.

　　산승은 생각하였나이다.

　　'아~ 공부를 하는 것은 많이 알려고 하는 것이 아니라 많이 배우고 많이 깨달아서 저 분과 같이 평상심을 즐기기 위한 것이 아니던가. 오늘의 나는 산이 좋아서 산에 왔고 절이 좋아서 중이 되었건만 산중에서 오히려 세속과 다름없는 욕구와 욕망을 쥐고 있으니 어찌 부끄럽지 아니한가. 참으로 부끄러운 일이다. 도는 홀로 닦아 가는 것이 좋은 길이다. 단체라는 것은 본연의 순수함대로 살아가지 못하고 많은 이익과 생존의 투쟁에 눈을 뜨게 하고 자신의 갈 길을 시시각각 잊어버리게 한다. 비록 그렇더라도 진흙밭에서 연꽃이 피어나듯이 옛 어른들의 수승한 도리와 안빈낙도의 생활을 나의 본심으로 삼아 간다면 능히 사욕으로부터 멀어질 수 있을 것이며 욕구와 욕망으로부터 벗어날 수가 있을 것이다. 무소의 뿔처럼 혼자서 가라 함은 옛 종사들의 정신을 이어 가라는 것이 아니겠는가.'

　　산승은 그분의 생활에서 노력하지 않아도 욕구와 욕망에서 멀어진 모습을 보았으며 수행자가 아니건만 청정한 행을 보았으며 깨달음을 모르는 채로 도를 누리는 것을 보았나이다. 어찌 안빈낙도의 삶을 본 적이 있다고 말씀드리지 않겠나이까.

滿月堂

핵심

물고 뜯고 씹고 흔든다

　나 홀로 고요한 듯하나 미운 정 고운 정 주마등처럼 스쳐가니 그리움과 분노의 사무침을 실은 생각들은 멈출 수 없는 파도와 같다. 나는 수행자요, 불자라고 믿지만 문밖을 나서는 순간부터 교만함으로 우뚝 서야 하고 비굴함으로 굴욕을 이겨야 하고 당당함으로 의연하지 못하면 큰 집은 언제 마련할 것이며 호의호식은 물거품 될까 두려워서 이 밤도 지새우며 잠을 이루지 못한다.

　한 생각 일어날 때마다 업식은 업장으로 장엄하고 동쪽 문을 세운 사람은 서쪽 세계를 모르고 서쪽 문에 안주해서 동쪽을 외면한다.

　적적한 가운데 고요함 속에 머물러도 바람소리에 놀라고 어둠에 꺼들림이 촌각을 다툼보다도 빠르거니 덧없음의 한 생각 돌이켜서 근원을 살필 틈을 놓치고 강사는 대강백의 한을 품고 선원장은 방장의 꿈을 잊지 못하고 방장은 종정의 원을 쫓아서 부지런하다.

　부인은 남편의 사랑을 그리워하면서 연민의 정을 안고 남편을 안아보지 못한다. 드넓은 세상에 이런 잣대도 있고 저런 잣대도 있음을 품지 못하니 입만 벙긋하면 내가 너보다 낫다는 지견을 열어 보이고 정견을 고집하여 바른 생각에서 벗어나지 못한다.

　옳음을 핑계로 옳음을 설파해서 그릇됨을 질타하고 사마외도 운운하니 참으로 경계가 일어나는 매 순간마다 물고 뜯고 씹고 흔들지 아니하면 살 수 없다는 것을 본능적으로 알아간다.

滿月堂

국태민안 할지어다

　일체를 거두어들이는 마음은 텅 비워지는 자리이니 그곳에는 이편과 저편이 없고 분별과 시비가 끊어져서 고요함을 관찰하는 한 생각만이 오롯하다. 고요 가운데 텅 비워진 그곳을 살피건대 새소리, 바람소리, 가을밤 빗소리 저절로 들려오니 들려옴을 들을 줄 아는 오롯한 한 생각을 관찰한다.

　관찰하는 그 마음에 무상이 스며들고 무념으로 체를 삼고 무아로써 깨달음을 세우니 나아가는 한 생각에 물듦이 없도다. 한 생각이 천백억화신하니 처처에 만법이 드러나고 만법에 응하지만 두려움 없는 한 생각은 만 가지 법에 분별없이 대하도다.

　이미 분별에 꺼들림 없는 생각에 언제나 천심을 이루고 하늘에 닿는 그 마음에 일체의 사마외도가 근접치를 못하도다. 무엇이 사마외도인가. 본심에 분별이 없음을 알지 못하고 동편과 서편을 가르는 일이다.

　삼세가 일체이니 불심과 깨달음과 일체 영가의 몸이 곧 하나임을 알지 못하고 나도 있고 영가도 있다고 생각하는 것이다. 본래로 한물건도 없다 하였거늘 허공의 관음을 찾고 지하의 지장보살을 찾으며 영가의 가피를 얻고자 온갖 천도재를 지냄이 곧 마음을 관하지 못함이다.

　마음밖에 법이 없다 하였으니 경계에 꺼들리지 않는 한 생각의 청정함에 의지해서 생각에 자성을 살피는 관음이 되고 안을 살피는 한 생각이 곧 연화대에 머무름에 일체의 유주, 무주, 영가가 극락왕생하며 일체의 유위법을 분별하되 분별에 꺼들림 없는 그 마음으로 나아가는 것이 그 자리가 극락정토가 되게 하며 그 나라가 남북통일 국태민안 하게 되는 것이니 불조의 혜명을 살피건대 뜻이 여기에 있는 것이다.

滿月堂

부처는 죽었다

나라에 정치가 죽었고 불교에 부처가 죽었다. 아니 부처가 죽으니 정치도 도리가 없는 것이다. 만약 법의 성품을 요달코자 하건대 과거가 없고 현재가 없고 미래가 없다는 것은 오직 지금 이 순간을 바로 보고 바로 서야 함인 것을 알아야 한다.

마땅히 우주법계의 성품은 그 실체가 고정되어 있음이 없으며 오직 마음으로부터 지은 바의 세계가 드러나는 것으로 그 옳고 그름의 잣대가 본래 있는 것이 아니라 텅 비워두지 못한 분별에 의지한 바이다. 작금에 온갖 깨달음과 알아차림과 이머꼬가 전국을 휘감듯 강타하지만 실상은 참 불교에 근접하지 못한다.

참이란 무엇인가. 예전에는 집집마다 아침때에는 마당 가운데 평상에서 온 가족이 둘러앉아 마주 볼 때 열려진 대문으로 걸인이 동냥 오면 서슴지 않고 먼저 밥부터 주곤 우리도 먹었다.

예전에 내가 도리사에 살 때에 초하루 불공을 드리기 위하여 저 산 아래에서 떡이나 과일을 머리에 이고 비탈진 산길을 굽이굽이 오르는 정성스러운 신도들을 보았다. 돌아가신 나의 어머니도 새벽녘에 달빛 앞에 청수 올리고 동서사방에 절을 올린 후에 힘차고도 우렁찬 목소리로 나무아미타불 관세음보살을 지극정성으로 부르기를 임종 시까지 멈추지 않던 것을 보았다.

내가 보아온 그들은 알아차림이 뭔지도 모르고 이머꼬가 뭔지도 모르고 부처로 살다가 갔던 것이다.

불교를 30년 믿었네, 화두를 50년 했네 하지만 자기 자식은 불교를 모르고 남편은 절을 꺼린다. 동국대를 나온 것이 불교가 아니며 참선으로 도를 통한 것이 수행이 아닌 것이 다 권력과 감투를 사랑하는 빠른 방편이기 때문이다.

중놈이 겸손을 버려서 스스로 스님이라 높이고 중질을 포기하는 것이 요즘은 깊은 산속 먼 곳까지는 가지 못한다는 신도들과 이와 입술이 맞물려 돌아가는 것이니 이 가운데 지극한 정성은 밟고 버리는 것이다.

저 종로의 조계사 앞을 가보라. 노숙자들은 중놈들을 대상으로 구걸하고자 종일 진을 치니 중들은 돌아가거나 외면한다. 일생을 절만 다녔다는 신도들도 국가와 민족을 위하여 몇 번이나 축원 올렸으며 빈곤한 이들에게 몇 번이나 적선음덕 하였을까. 불교대학 졸업하고 온갖 경전 다 보았으니 나만 한 불자는 없다 하면서 묻는다.

"스님~ 법당에서 기도하면 정신이 모이지 않고 자꾸 번뇌만 일어납니다."

당연하지~ 지극한 정성으로 달빛에 빌어 보았느냐. 일심으로 나무아미타불 관세음보살을 목 놓아 불러 보았느냐. 간절히 사무

친 마음으로 자식 사랑하듯 금전 사랑하듯 진실한 한 생각에 물들어 보았느냐.

오호라! 슬프다. '수처작주 국운융성隨處作主 國運隆盛'이리라. 각자의 자리에서 주인 된 마음으로 살아가면 운은 절로 융성한다는 옛 어른들의 말씀이 귓전을 울리는구나.

滿月堂

인생

사랑에 속고 돈에 울어보고 저잣거리에서 노숙하고 추위에 굶주리고 반찬이 없어 생쌀 씹으면서 정부미 구해먹고 옷이 없어서 거리에 버려진 스펀지 카펫 주워서 문방구에서 가위 사서 재단하고 입어서 추위를 면한 세월이 적지 않았다.

그래도 노숙자와 다른 것은 천지 이치에 눈을 뜨지 못하면 진실로 삶의 가치는 없다고 생각하였다.

滿月堂

사리사욕 탐하지 말라

　예전의 지인으로 조 거사님이 있었다. 영주 국세청장을 지내고 퇴임하니 남은 건 전셋집 하나이므로 가족으로부터 비방과 조롱을 받았다. 그러나 그의 불심佛心은 흔들리지 않았다. 행정고시 준비를 위하여 범어사 금강암을 찾아갔을 때의 일이다.

　그러나 아뿔싸! 늘 들려오는 목탁소리에 귀를 기울이니 지심귀명례였다. 대체 무엇이기에 지극한 마음으로 귀의한다는 것인가. 그는 천수경에 눈을 돌렸다. 아미타불이 어디 계시는가. 육문이 서로 상응하여 붉은 금빛을 토한다.

　그렇구나. 나의 마음이 만법을 내고 거두어들이는구나. 이 소식을 깨닫고는 법률책을 등지고 말았다. 그러나 시험 때는 다가오고 주변 환경은 형식상 시험을 치를 수밖에 없었다. 주관식 세 문제가 출제되고 당연히 포기하였다.

　그때에 화엄신장의 무리인 백만 대군이 먼지를 일으키며 그에게 다가오는 것을 보는 순간 그가 쥐고 있던 펜은 저절로 돌아가고 있었다. 그리고 부산대학교 졸업 60년 만에 행정고시 수석패스라는 현수막이 곳곳에 보였다.

영주 국세청장으로 발령받고 사재를 털어가면서 불법佛法 홍보를 위한 책을 수없이 발행했다. 법을 위해 살고 진리대로 살고자 하고 정진에 정진을 거듭하였다. 부처님과 호법신장의 가피를 받은 이가 어떻게 사리사욕을 탐할 수 있단 말인가.

근자에 산승이 돈도 없고 절도 없다는 것을 드러내기 시작하자 대중들은 하나같이 말한다. "스님은 남다른 구석이 있는 것 같은데도 어찌 그 나이에 절寺도 하나 없느냐" 한다.

나는 답변하고 싶다. 나라를 걱정하던 김구金九 선생님이 돈을 벌었더냐. 만해 한용운 스님이 절 짓고 주지 할 생각을 하였느냐. 민족을 걱정한 용성 대선사가 돈 버는 데 미쳤더냐.

애초에 질문이 틀렸다. 스님은 그 나이에 도를 통했느냐. 만약 통하지 못했다면 시주물 축내면서 뭐했느냐. 산승이 돈 없고 절 없는 것이 어찌 부끄러움이겠는가.

길이 같지 아니하면 서로 만날 일이 없는 무연 중생의 비방과 조롱일 뿐인 것이다.

滿月堂

관세음보살

2003년 강원도 홍천군 신봉리 깊은 산속 15,000평의 부지를 확보하고 홍천 읍내에 50평의 포교당을 세웠다. 그때에 존상은 지인을 통하여 미얀마에서 조성하여 옴으로 약 3개월 정도가 걸렸다.

상단의 빈 공간의 허전함을 대신하기 위하여 지인의 호신불을 잠시 모시기로 하였다. 부처님이 오시기 전 날 홀연히 꿈을 꾸니, 나는 장삼과 가사를 오른손에 걸치고 목욕 길에 나섰다.

한편에 바다가 보였으며 기암괴석의 해변가에는 노스님들이 보였고 바위 틈새마다 떡과 과일이 놓여 있었다. 노스님들께서 손짓하며 이쪽으로 오라고 불렀다.

"여보게, 이는 부처님께 불공을 올린 음식이니 한 점 드시고 가게나."

노스님들께 감사를 표하고는 도량 내에 들어서니 목욕탕은 108계단을 오르며 상단 법당의 자리에 있었다. 계단을 올라 목욕탕 안으로 들어서니 이미 노스님 한 분이 목욕하시는데 앉은 자세에 등과 허리가 길게 드리운 것이 나한의 형상 같았다. 탕 안으로 들어서니 동자의 시신 두 구가 떠 있어 불길하게 생각하였는데 잠시 뒤에 시신인 줄 알았던 두 동자가 물속에서 나오며 긴 한숨을 뿜으니 비로소 시신이 아님을 알았다. 깨어보니 꿈이었다.

밝은 날 지인이 호신불을 모셔온 것을 보고 이는 부처님의 인연을 보여줌임을 알았다. 말했다.

"스님께서 존상을 모실 인연으로 미리 꿈에 보여줌이 있으니 이제부터는 스님께서 모시되 돌려주시지 않으셔도 됩니다."

그 후에 강원도 홍천의 대작불사를 이루지 못하고 10년 세월 파란곡절 속에 살고 있으니 존상도 또한 십 년을 고생하시는 것이다. 여법한 상단에 모시지 못함은 늘 가슴 메이게 한다.

滿月堂

도리도리 깍꿍

티 없이 맑고 온갖 분별지심에 물들지 않은 아이를 바라보며 "도리도리 깍꿍" 한다.

도리도리道理道理 깍꿍-宮이란 아이야~ 이 세상에 태어나서 가장 수승한 일은 도의 이치를 참구하고 도의 이치를 통하는 것이란다. 그러려면 궁을 까뒤집는 것이니 궁이란 구궁팔괘를 꿰뚫고 천지 이치에 달관하는 것이란다.

그렇게 도리도리 깍꿍 하며 아이를 애지중지하지만은 도를 닦거나 출가하고자 하면 미쳤다고 할뿐더러 부모는 화병으로 죽기까지 한다. 세상을 살아가야 하는 자세가 어떠해야 하는지 말해주지 않는다. 공부 열심히 해서 돈 많이 벌고 좋은 직장 가져서 번듯하게 잘살기를 바란다.

이 몸은 자연의 지수화풍을 빌려 생겨난 것이며 언젠가는 자연에 돌려주어야 하는 것이고 빌려 쓰고 돌려줄 줄 아는 이 마음이 예로부터 있어 왔고 미래세가 다하도록 없어지지 않는 대우주와 같아서 오고 감에 걸림이 없고 본래로 나지도 않았고 없어지지도 않는 저 허공과 같음을 말해주지 않는다. 滿月堂

대원大願

　무시 이래로 깨달음을 구해서 금일금시에 깨달음을 얻으니 본래로 한 법도 없음을 드러내는 도다.

　모든 종사가 깨달은 것이 특별한 것이 없으니 너와 내가 둘이 아닌 것을 밝히고 질병의 근본은 마음으로부터 생겨난 것이니 청수와 같은 그 마음으로 질병에서 구제됨을 말하였고 모든 분별된 상이 마음에서 공함을 알아서 집착을 여읜 분별지를 드러내기를 말하였도다.

　천지의 기운은 그 합일한 곳에서 머물고 생겨나고 드러나서 그 자리를 빛내는 것이니 이른바 문아 명자 면 삼도하고 견아 형자 득 해탈하리니 이 자리가 곧 깨달은 자의 머문 곳이니 나의 이름만 들어도 악도에 들지 않고 나의 모습을 보기만 해도 바른 법을 볼 것이니 1998년 무인년戊寅年 새벽에 홀연히 천지가 무너지는 소리를 들었으며 한 줄기 섬광이 두 줄기로 갈라지며 천지 가운데 음양이 나툼을 보고는 하늘과 땅과 사람이 본래로 하나임을 증명하심을 깨닫고 비로소 소우주의 혈맥이 곧 실상의 삼천 대천 세계와 다름이 아님을 보았도다.

　16세에 불법을 구하여 중이 되더니 모진 세월과 벗하여서 중생과 부처가 둘이 아니며 미혹과 깨달음이 하나이며 밝음과 어둠에 상대가 없어 본래로 천지는 칠흑 같음에 온갖 분별과 시비가 없는 자리임을 알게 되는 것이 39년에 이르니 드러남이 없는 칠흑 같음은 천지를 나투고 빛으로써 섬광을 삼아서 낮과 밤을 드러내고 두두물물이 생과 멸을 반복함이 끊이지 않게 하여 오면 가고 가면 오는 무시무종의 도리를 드러내는 도다.

　본래로 밝음이 없건마는 상대가 있어서 낮과 밤이 생겨나고 밝음과 어둠이 드러나니 빛이 없는 그 자리가 칠흑 같음을 깨달을 때 무명과 깨달음이 없고 중생과 부처가 없음을 밝게 보게 되는 것이니 억조창생이 이 도리를 깨달아서 깨달음의 빛이 한 줄기 밝음이 되어서 대명천지가 화락하고 세계가 하나의 꽃이 되어서 부처의 세계를 열어 보임을 대원으로 삼으니 옛 종사의 뜻을 따름이로다.

만 중생을 제도하리라는 대원 속에 터전의 인연을 심어서 무릇 질병으로써 미혹하고 불안한 그 마음을 다스리고 질병의 뿌리가 본래로 없어서 그 마음이 청수와 같아질 때 병고 또한 사라지는 수승한 이 도리를 간곡히 전하노니 병고로써 도리어 양약을 삼아서 본래로 병이란 깨달음의 스승임을 깨달아 들게 하여서 적선음덕과 시은이 충만한 중생의 은혜로움에 회향이 있기를 간절히 바라도다.

　천하 가운데 깨달음의 문을 세워서 널리 어짊을 전하여 광정 천지선문 하니 어서 어서 숙세의 인연 있는 중생들과 깨달음을 나누고 깨달음의 문 안에 들게 하니 만고의 빛이 되고 일체 중생을 윤택하게 하여 빛 없는 그 자리 칠흑 같음으로 돌아가서 생사가 본래로 없음을 보일 것이로다.

滿月堂

용화세계 龍華世界

　미륵 부처님 그대는 누구신가. 그대를 바라보는 이 순간 풍경소리 바람소리가 영산회상으로 거듭나는군요.

　그대를 바라보는 이 순간 존엄스러움이 일어나 고요를 일으키는군요. 고요는 거친 풍랑을 일으켜 멀리서 새소리, 독경소리, 낭랑히 들려오며 삼라만상의 만 번 죽고 만 번 사는 육도의 수레바퀴가 품속으로 들어와 살며시 인과법을 수놓는군요. 그대를 바라

보는 이 순간 그대를 본 바 없이 보고 있나니 새소리, 바람소리, 육도의 수레바퀴 화현도 덧없는 무상으로 돌아가서 뿌리 없는 대나무의 열매를 취하니 대천세계가 대각의 무문관이로다. 그대의 마음 산승의 마음은 곧 다르지 않음이도다.

　나무 용화세계 자씨 미륵존 여래불.

滿月堂

나는 중인가

세상에 난지도 모르고 살아서 꿈틀거렸다. 부모 은혜가 무엇인지도 모르면서 태연히 얻어먹고 자랐다. 참다운 분별심이 무엇인지 알지 못해서 나보다 나이 많은 선배들을 떡 주무르듯 두들겨 패곤 했다.

어느 날 범어사에 소풍을 가니 웅장한 절 건물과 스님의 복장에 매료되어서 집을 나와 중이 되려고 했다. 그 원이 너무 사무쳐서 오직 중이 되기 위해선 무엇이든지 한다는 미친 것 같은 각오로 살았다.

그래서 중이 되었다. 모든 것은 다 이루어졌다. 나의 소원은 중이었다. 왜 그랬는지 알지도 못했다. 그것을 전생 업력이라 하고 업력에 끄달린 노력이란 것을 알지도 배우지도 깨닫지도 못했다.

다 이루어졌는데 다시 '중이 공부하지 않으면 중놈이다'하고 연일 떠드는 소리들이 나의 귓전을 두드리고 심기를 불편하게 했다. 난 중이 되고 싶어서 중이 되는 공부를 끝냈는데 이 밖에 무슨 공부를 하라는 것인가. 참으로 알 수 없는 일이다.

그렇게 해서 대중처소의 흐름에 떠밀려서 할 수 없이 경이란 무엇인가 하고 기웃거려 보았다. 그렇게 세월이 갔다. 그렇게 변해 갔다. 그러다가 알게 되었다. 무엇 때문에 나게 되고 죽게 되고 있는 것은 없어진다는 것을…. 그것을 덧없다고 한다지.

덧없는 인생길 가운데 사람 몸 받아서 불법 만나니 부처님의 은혜가 지중하고 부모의 은혜가 하해 같음을 오늘에사 알았네.

滿月堂

불문佛門의 제자

　글을 백 번 보면 그 가운데 뜻이 저절로 드러난다 하였거늘 40년 동안 천수경을 백 번만 읽었겠는가! 그것도 그냥 읽는 것이 아니라 공경한 마음을 내어서 받아 지니는 원으로 독송하는 것이다.

　부지런해야 정진이고 정진 끝에 밝아지니 밝아져야 깨침이 드러난다. 깨침이 드러나면 통하게 되니 통하면 막히지 않으며 막힘에서 벗어나면 때와 장소에 따르고 인연을 따라서 물 흐르듯 살아갈 수 있으니 이가 곧 조화로움을 얻었다 할 만하다.

　여기서 끝은 아니다. 조화로움조차 잊어버리니 내가 누군지도 잊어버리는 것이다. 이와 같아야 온갖 상에 걸리지 않아서 무명이라는 상도 없고 깨침이라는 상도 없는 것이니 이를 일러서 부처님께서 그렇게 부르짖은 최상승의 법을 굴리게 되었다 한다.

　부지런히 수지독송하되 끝내는 깨달음을 증득해야 하는 것이며 주문으로 인해서 신력이나 신통을 얻기 바란다면 곧 사마외도라 말하며 곧 중생심에서 벗어나지 못했다고 하는 것이니 이러고서야 불문의 제자가 아닌 것이다.

滿月堂

8대 보궁과 3대 관음 지장도량

〈8대 보궁〉 누구나 오른팔 왼팔 제멋대로 흔들 수 있나이다. 지대로 와서 제멋대로 살다가 지대로 가는 것이 인생일진대 누가 콩놔라 팥 놔라 하면 괴로움이 따르지요.

그래서 법法에는 정해진 것이 없다고 하는 것입니다. 비록 그렇기는 하지만 한 생각이 움직인 그 결과가 하늘과 땅과 사람과 하나 되는 무심無心의 경지와 궤합 되는 법法을 의지하고자 함을 여법如法하게 움직인다 하나이다.

백두대간에 의지한 저 태백산맥에 불교의 8대 성지인 적멸보궁이 있으니 이제 마땅히 불제자로서 참배한다면 태백산 정암사 수미노탑 적멸보궁을 참배할 것입니다. 태백산맥의 정중앙에 해당하고 중앙은 믿을 신信이며 세존은 믿을 신信을 드러내시니 信은 중앙이며 사계절土이며 덕德이며 색깔은 황색黃色이니 믿음이 없는 인의예지仁義禮智는 존재할 수 없나니 부처님은 오덕五德을 이루신 분이므로 금색여래로 드러나는 것이며 도솔천에서 오실 때에도 중앙中央 아시아에 오신 것이며 또 인도의 중앙인 가비라국에 나신 것입니다.

그래서 중앙의 수미노 탑은 보궁 중에 유일하게 인도 양식의 탑인 것입니다. 그러므로 정암사에서는 부처님의 팔상록을 떠올려 보아야 하며 부처님의 한 법도 설한 바 없다는 도리道理를 새겨보아야 하는 것입니다.

다음은 강원도 영월 사자산 법흥사로 갑니다. 사자는 부처님께서 사자후를 토하신 것을 말하며 법흥法興이란 법이 흥한 것을 말하는 것이니 심외무법心外無法이라 마음 밖에 다른 법法이 없는 것이니 밖에서 구하지 말고 안을 보라는 간절한 법어를 설하시니 마음은 텅 비워져 온갖 법을 감싸 도는 것이니 이것을 고집하고 저것을 분별하여서 옳고 그름에 집착하여서는 아니 되는 것입니다.

그 다음은 대구 비슬산 용연사로 갑니다. 아홉 마리의 용이 살던 연못에 의상대사가 이곳에 불사리를 모시겠다고 하자 구룡九龍은 승천하고 그 자리에 보궁이 들어서니 용연사라 이제 사자후를 토하니 천룡팔부가 조복하고 받들어 한 법도 설한 바 없는 근본 자리로부터 사자후를 설하신 원력이 용연龍蓮에서 야단법석이 서게 되니 중생이 깨달음을 얻어서 본래로 중생과 부처가 따로 없으며 분별 집착의 한 생각이 어두움과 미혹으로부터 저 광활한 대공空의 세계를 알지 못했음을 알아가는 것입니다. 비슬산은 벼슬산이라고도 하니 곧 중생의 소원과 원력을 이루게 함에 한 발짝 다가선 것입니다.

그리고 이제 그 유명한 오대산 상원사 적멸보궁으로 갑니다. 중대는 믿을 신信이며 중앙이며 덕德이며 동대는 어질 인仁이며 동쪽이며 청색이며 서대는 의로울 의義이며 서쪽이며 백색이고 남대는 예절 예禮이며 남쪽이며 붉은색이고 북대는 지혜 혜慧이며 북쪽이며 검은색이니 모두 중대中臺를 의지하는 바입니다. 이로써 중생을 교화함에는 마땅히 덕 있는 자가 바른 정법正法을 펴는 것입니다.

그리고 설악산 봉정암 적멸보궁으로 가는 것입니다. 마땅히 오덕은 하나의 덕으로 드러나는 것이니 이제 그 하나를 서원하고 잊지 아니하므로 천하의 둘도 없는 명산인 설악산이 그 하나임을 보이고 봉정암의 봉정이란 꼭대기를 받듦이니 곧 하나를 세우고 하나가 곧 만법으로 들어나되 본시 부처님의 근본 마음자리가 텅 비워있음을 새겨보아야 하는 것입니다.

다음은 경남 사천 봉명산 다솔사로 갑니다. 8대 보궁 중 유일하게도 나한전이 있으며 부처님으로부터 깨달음을 증득하고 무명에서 밝은 지혜를 득하니 본시 마음이란 것은 천강유수천강월이라 하나의 달이 천 개의 강에 비추어지듯이 우리의 마음도 한 생각 움직일 때 온 세상과 하나 된 마음이며 온 누리에 가득하니 찰나가 곧 영원이며 곧 삼세가 되는 것이며 과거 현재 미래세가 곧 지금임을 의심치 않고 만 중생의 백팔번뇌를 근본자리인 본래 한 법도 얻을 바가 없으며 생과 사가 둘이 아닌 자리로 들게 하는 자비 실천의 도량임을 보입니다. 모든 보궁에는 진신사리가 1과이나 이곳 다솔사 보궁은 사리 108과가 모셔져 있으니 중생과 함께하는 자리를 보이신 것입니다. 또한 보궁의 탑의 머리 부분에는 왕관을 앉히신 것입니다. 봉명이란 봉황鳳凰이 운다는 것이며 왕을 상징하며 곧 왕이 만 백성을 걱정하듯이 진리의 품안으로 들어오게 하여 백팔번뇌를 소멸하는 것입니다. 그리고 태백산맥의 마지막 자리인 곳입니다.

이제 다 이루어졌으니 영축산 통도사 적멸보궁과 금강계단金剛戒檀으로 갑니다. 영축은 독수리의 위상이며 중생의 경계를 부처의 경계로 돌이켜서 두려움 없는 세계를 얻으니 창공을 두려움 없이 나는 독수리처럼 산승의 마음도 밝아졌나이다. 통도通道는 도를 통하였으니 이제 비로소 부처님의 설한 바가 없이 설한 마음을 알았으니 진실한 불제자로다. 이제 그렇다면 금강계단에서 불살생不殺生의 계戒를 받을 것입니다. 불살생이란 죽지 않고 영원히 사는 것이니 이른바 불생불멸이라 생하지도 않고 멸하지도 않나니 부증불감이라 더함도 없고 줄어듦도 없나니 무시무종이라 시작도 없고 끝도 없나니라.

이제 금강계단에서 진실한 계를 받으니 부처님이 장대한 설법의 길을 나서듯 산승도 비로소 어두운 무명無明을 밝음의 빛으로 돌이켜 놓을 것을 서원하며 경북 구미 태조산 도리사 적멸보궁으로 가는 것입니다. 태조는 고려 왕건의 창업이니 시작의 의미가 있는 것입니다. 도리사는 신라 최초 사찰이며 곧 해동 최초가람입니다. 고구려 아도 화상이 아직 불교가 없는 신라에 숨어 들어와서 모진 고생 끝에 법을 전하니 그 법을 받은 이차돈의 순교로 마침내 신라가 불국토佛國土를 이루니 오늘날까지 불법佛法이 미치게 되었던 것입니다. 금강金剛과 같은 계戒를 받은 불자佛子라면 이 같은 원력의 육바라밀을 성취해야 할 것입니다.

이때 불佛이란 깨달음이며 이때 자子란 공자님과 같은 실천의 길을 가고 가고 가는 것임을 알아야 합니다. 참된 불자는 사욕을 등지며 참된 불자는 오직 불법으로 생각하며 참된 불자는 비방과 조롱을 두려워하지 않는 것임을 잘 알아야 하겠나이다.

이로써 8대 보궁의 참배를 마치니 태백산맥은 근본 체體이요 아직 용用의 변화는 일어나지 않은 것이나이다.

〈3대 관음성지 지장성지〉 체體와 용用은 둘이 아니다. 살과 뼈는 둘이 아니다. 그래서 불이문不二門을 세우는 것이다. 불이문 안에서는 모두가 하나로 만난다. 하나인 줄 알면 오직 상생相生만이 있다. 태백산맥의 8대 성지는 부처님의 근본자리이다. 근본자리는 청정법신 비로자나불이다. 원만보신 노사나불은 변화를 나투는 자리이다. 천백억화신 석가모니불은 교화 방편을 보이는 자리이다. 변화를 나툼은 문수보살의 한량없는 지혜이다. 교화방편을 보임은 보현보살의 끊임없는 실천행이다. 한량없는 지혜는 관음보살이요. 끊임없는 실천행은 지장보살의 대원력이다.

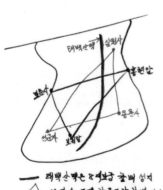

경남 남해 보타산 보리암, 강화도 보타산 보문사, 강원도 낙산 홍련암이 3대 관음성지이다. 보타산 또는 낙산은 보타낙가산의 준말이다. 역삼각형 모양이다. 역함은 음이지만 음이 지극하면 양으로 돌아오니 양은 곧 현세제도의 관음보살이다.

강원도 철원 심원사, 경북 예천 용문사, 전남 고창 선운사 도솔암이 3대 지장성지이다. 반듯한 삼각형이 나오니 양이다. 양이 지극하면 음으로 돌아가니 곧 대원본존 지장보살이다. 관음성지와 지장성지를 합하면 공간입자인 육각수가 생긴다. 다시 말해서 태백산맥의 8대 성지를 불교의 축으로 삼고 음양, 청룡 백호, 관음과 지장이 불사리의 방광을 입어서 천상-인간-지옥을 연결시켜서 부처님과 부처님 법을 받드는 이를 살펴 지키는 것이니 곧 불국토를 이루는 것이다.

滿月堂

다솔사 보궁은 사리 108과를 모시고 왕관 모양을 하고 있으며 나한전이 있어서 세존과 함께한다.

아미타불이 어디에 계시는가

잠시 와선에 들어갔다가 일어나니 몸 안에서 '꾹~꾸욱' 하는 소리가 계속 들려온다. 미진한 구석이 있을까 하여서 다시 와선에 들어간다. 호흡을 따라서 '꾸욱' 하는 소리가 배 속을 밀어내기를 거듭한다. 더 이상 '꾸욱' 하는 소리가 나지 않아서 일어나 앉는다. 차를 한 잔 하고자 찻상에 앉는 그 순간 화장실이 급해졌다. 탁기와 독소가 큰 소리를 일으키며 빠져나온다. 몸의 정화가 이렇게 신속할 수가 있을까. 약이나 침이나 뜸이나 도구나 물질을 쓰지 않고 대우주가 선물한 호흡을 통하여 몸과 마음을 정화할 수가 있는 것이다.

고요하고 엄숙한 호흡을 통하여 몸은 순식간에 잘 수가 있고 정신은 몸이 자는 동안 몸속의 흐름을 지켜보고 관찰하는 것이다. 정신은 오고 가는 법이 없고 몸은 자기도 하고 일어나기도 하는 것이다.

본래 한법도 없는 그 가운데 만법이 두두물물이 작용하는 것과 같은 것이다. 경에도 이르기를 아미타불 재하방 아미타불이 어디에 계시는가. 육문상방 자금광 너의 안이비설신의가 서로 하나로 통하여서 앉고 서고 일어나고 먹고 자고 행하는 붉은 빛을 토하고 있다고 하였다. 정신은 곧 마음이다. 마음은 과거가 없고 현재가 없고 미래가 없는 가운데 지금 그대로 여여하고 옛부터 있어 왔고 미래세가 다함없이 영원불멸한 것이다. 일월이 천지를 비춤에 어긋남이 없어서 만상의 법도가 진리가 되어 여여하듯이 호흡의 득력으로 몸과 살과 피와 골수와 오장육부가 언제나 여여한 그 가운데 음기와 양기가 조화롭게 순환할 수 있도록 도와가는 것이다.

　법을 어디에서 찾으랴. 도를 어디에서 구하겠는가. 진리는 어느 곳에 존재하는가. 멀리 있지 않으니 안을 보아야 한다. 너의 몸을 관찰하고 살피는 그 정신이 곧 아미타불이고 그 정신이 흐트러지지 않고 오롯함을 지키는 그 마음이 관세음보살이며 그 마음이 그 몸을 살핌에 감동을 입어서 오장육부가 순행을 따르고 언제나 청청한 몸이 청정한 마음을 수호하는 것이 곧 화엄신장이 따르는 것임을 알아가야 한다.

滿月堂

관세음보살은 마음이다

광대한 우주는 곧 우리의 한량없는 넓은 마음씨이니 마음으로써 우주를 품도다. 시작도 없고 끝도 없는 무시무종을 종으로 삼으니 우리 마음의 본각本覺은 한 치의 움직임이 없어서 그 자리에는 일체 사량 분별이 드러나지 않는다.

본래로 청정한 그 자리는 곧 칠흑 같은 어둠으로 일체의 빛이 생겨나지 않으니 곧 옳고 그름의 그림자가 일지 않는다.

그 자리는 윤회의 수레바퀴가 돌지 않으며 업과 업의 과보가 존재치 않도다. 적적하고 요요하니 한 물건이라 하여도 옳지 않는 그 자리에 만물을 생성하고 두두만물의 생과 사를 연속시키는 생각生覺이 숨어드니 일월이 우주 가운데 드러나고 만상이 대자연의 장엄을 이루듯 대천세계가 생겨나서 생과 멸은 반복하나니 우리의 한 생각도 천지 삼라만상에 두루하지 않음이 없도다.

본심으로부터 나온 한 생각은 일체의 상대가 없는 순수함으로 낮과 밤을 가리지 않으며 옳고 그름을 포용하며 자비와 증오를 하나로 품으니 본래로 두 마음이 없기 때문이리라. 기도라고 하는 것은 본각과 본심과 생각이 하나로 돌아가는 것이니 어찌 이것을 구하고 저것을 버리는 생과 사의 이치로써 복을 구하고 흉을 피하는 것이겠는가.

일체 중생이 본래로 화락함을 깨달아 들어가는 것이 무념이요. 밤은 낮으로 숨고 낮은 칠흑 같음으로 돌아가나니 생과 사가 하나임을 깨쳐서 집착과 두려움을 여의는 것이 무상이요. 생각 생각에 번뇌가 일지 않아서 온갖 시비와 분별에서 멀어진 그 생각은 순진 무구한 것이니 이가 곧 무념이라.

오직 무념과 무상이 무생으로 나아감이 진실한 기도일진대 다만 한가지로 일러 세계는 일화임을 드러내고 남북은 평화통일 됨을 대원력으로 삼아서 늘 깨어있음을 기도라고 하나이다. 동방에 만월세계 약사여래불이 계시고 서방에 극락정토 아미타여래불이 계시고 남방에 대원본존 지장보살이 계시고 북방에 무우수 부동존여래불이 계시니 중방에 앉아 계신 부처님은 누구신가.

중방에 원통교주 관세음보살님이 계시나니 곧 원통이라 함은 시방세계를 나투는 시작과 끝이 없는 무시무종의 자리이니 온갖 분별을 여의고 얽매이지 않는 참다운 한 생각의 걸림 없음이 곧 원통이며 관세음이리니 오직 수처작주하여 앉은 자리가 곧 정토임을 아는 그 마음이 관세음보살이며 관세음보살이 즉 약사여래불이며 관세음보살이 곧 아미타여래불이며 관세음보살이 곧 보승여래불지장이며 관세음보살이 곧 부동존여래불이며 관세음보살은 곧 남이 없는 무생無生의 꽃을 피우는 것이도다.

滿月堂 如來佛

선禪

　위없는 깊고 깊은 법문은 경전이 으뜸이지만 참으로 무념처에 드는 것은 선禪이 으뜸이다.

　선禪이란 고요함을 말한다. 고요해지고자 하면 어찌 해야 하는가! 바로 숨이다. 나는 숨쉬기 운동이 최고의 운동이며 으뜸의 이치 속으로 들어가는 문이라고 말한다. 아침저녁으로 시시각각 스트레칭 운동을 하지만 이것은 뼈와 살로 본다면 살에 해당한다. 뼈는 바로 숨쉬기 운동이다. 고요히 숨을 쉬기 시작하면 기운이 드러나고 모이고 빛을 볼 수 있다. 하지만 스트레칭 때는 잠시 기운이 숨어들기 때문에 기감을 느낄 수 없다.

　숨쉬기 운동은 도구나 물질에 의지하지 않는다. 일뜸, 이침, 삼약이 훌륭한 도구이지만 도구가 없을 때는 어찌 하겠는가! 따라서 최상승은 아닌 것이다.

　오직 일여의 마음으로 들숨과 날숨을 통하여서 마침내는 들숨과 날숨에도 의지하지 않고 무념처에 들어가서 무의식 호흡에 들어서 대우주와 하나 된 만남의 문을 열 수 있다. 그곳에 관음이 계시고 아미타불이 계시고 제불성현이 머물고 있음을 볼 수 있고 친견할 수 있다. 마침내 아미타불과 제불보살이 곧 자신임을 알게 되는 것이다.

고요해지고자 하면 편안히 그리고 여유로운 숨을 쉬어야 하며 그러기 위해선 오직 일여의 마음으로 집중해야 한다. 그 순간에는 탐내는 마음도 없고 성내는 마음도 없고 어리석은 마음도 없다. 집착을 내는 그 마음으로는 고요히 숨을 쉴 수 없기 때문이다. 고요히 숨을 쉬게 되면 깊은 사유에 들어가게 된다. 깊은 사유란 무엇일까? 빛을 이해하게 되는 것이다.

햇빛도 아니며 달빛도 아니다. 낮이라고 밝고 밤이라고 어둡고 한 것이 아니다. 어두운 가운데에서도 마음의 눈으로 먼 허공을 지긋이 주시하면 곧 밝은 에너지가 빛으로 다가오는데 처음에는 푸른색으로 그리고 보라색으로, 연두색으로, 온갖 빛으로 다가오지만 호흡에 득력하게 되면 마침내 칠흑 같음의 깜깜한 색을 보게 된다. 이 칠흑 같음은 곧 우주 실상을 있는 그대로 보는 힘을 드러낸다. 이 빛이 곧 낮도 드러내고 밝으며 밤도 드러내며 달빛을 생성하는 것이다.

다시 말하면 낮과 밤과 사시사철 운행기운을 만들어 내는 상대가 없는 빛이며 깨달음이란 선과 악에 집착하지 않는 상대가 없는 법을 굴리는 것을 말한다. 빛은 다른 표현으로 우리 마음이다.

마음은 곧 주체가 없어서 상대가 없는 가운데 선한 생각, 악한 생각, 사는 생각, 죽는 생각을 내는 것이니 선한 생각에 선한 결과가 생겨나고 악한 생각에 악한 결과가 생겨난다. 우주 본래의 기운인 칠흑 같은 깜깜함을 보는데 둘이 있다.

초심자가 호흡에 들어가 마음의 눈으로 저 허공을 바라보면 깜깜하다. 이 깜깜함을 주시하는 자는 곧 망상에 빠지고 지치며 잠들고 말며 깨어있음의 소식을 알 길이 없다. 이때를 숨질을 얻지 못했다고 하는 것이니 숨을 깊이 쉴 수 없고 따라서 온갖 질병에도 면역력이 약하게 되어서 질병도 따를 수 있는 것이다. 고급자가 호흡에 들면 깊은 숨질에 의지해서 곧 빛이 찾아들고 우주의 기운이 강력함을 느끼며 눈을 뜨더라도 허공에서 기운이 토네이도와 같은 회오리치는 모습 등 다양한 형태의 기 에너지를 보게 된다.

따라서 깊은 사유가 따르게 되면서 바른 법을 보고 바른 생각을 일으키고 법력을 쌓아 가게 되는 것이다. 푸름에 둘이 있으니 봄, 여름, 가을에는 푸른 잎마다 상록수 같으나 겨울 서리를 맞으면 오직 소나무, 잣나무만이 상록수임을 알 수 있다.

말하지 않음에 둘이 있으니 벙어리는 말할 수 없고 아는 자는 말하지 않는다. 어떤 사람이 관상을 보러 왔는데 그 얼굴의 기색이 검고 어두워서 곧 죽을 것을 알더라도 그대는 곧 죽을 것이라고 말할 수 있겠는가. 만약 말하였다면 상대를 불쾌하게 만든 죄로 도리어 자신이 맞아 죽게 될 것이다. 도인은 때가 아니면 말하지 않는다. 때라는 것은 곧 여법할 때를 말한다.

아침이 되면 아침 먹자 하고 점심이 되면 점심 먹자 하고 저녁이 되면 저녁 먹자 하고 일할 때가 되면 일하자 하고 공부할 때가 되면 공부하자 한다. 또 천지신명에게 절하고 예로써 도를 물으면 비로소 말한다. 옛 달마 대사는 9년을 말하지 않았는데 혜가란 중이 찾아와서 법을 묻기 위한 각오로 스스로 팔을 자르니 달마 대사가 말을 한 것이다. 바로 여법하였기 때문이다. 여법함에 의지하는 사람이 사사로운 법에 얽매이겠는가.

요즘 중이 되어서 15년을 넘으면 상좌를 둘 수 있다 한다고 상좌 운운하는 소리를 들었다. 부모형제도 버리고 절에 들어와서 중이 되었는데 상좌 운운하는 것은 다시 부모형제를 만드는 것과 같으니 덧없지 않겠는가.

달마 대사와 혜가대사가 만남은 오직 마음을 바로 보아서 도를 이룸에 뜻을 둔 것이니 참으로 여법함이 아니겠는가. 또 사사로운 법이란 절을 짓고자 하지만 공부하지 않는 것이며 닦은 만큼의 도를 실천하지 아니하고 감투와 권력을 따라가는 것이 다 사사로운 일이니 어찌 이러한 일에 얽매이겠는가. 또 바른 법이란 공유하고 나누고 베푸는 일이며 사사로움이란 집착하고 고뇌하고 슬퍼하고 분노하는 일들이니 여법함을 아는 자가 사사로움에 집착하고 고뇌하고 슬퍼할 일이겠는가!

滿月堂

본래 한물건도 없거늘

삼라만상 두두물물은
지대로 왔다가 지대로 가는 것
깨달음에 인연이 없고
행함에 분별이 없네
누구나 지대로 분별 의지해 살아가는 것
무엇이 옳으며 무엇 그릇됨이 있는가
다만 부모는 부모 자식은 자식
내 새끼들아 굶지 말거라
굶으면 부모 가슴 못 박는다
내 새끼들아 아프지 말거라
아프면 부모 가슴 못 박는다
내 새끼들아 차에 받혀 죽지 말거라
나보다 일찍 죽으면 부모 가슴 못 박는다
굶거나 아프거나 죽지 아니하고
지대로 살아갈진대 인연으로 부모 되고
업으로 만났을 뿐

나는 나 자식은 자식 무엇을 권하는가

부질없는 삶 오 분 뒤의 생사를 모르건만

애써 권선징악 선업악업 분별하네

아서라 깨달으소 깨달은 대로 사소

선악도 부모도 자식도 내려 놓으소

무엇 때문에 자기구속으로

불법과 깨달음을 벽에 모셔 두는가

滿月堂

마음 心

  이 도리는 하늘이 덮지 못하고 땅이 싣지 못한다 하였습니다. 다만 오고, 다만 가는 것인데 터럭 같은 한 생각이 만상에 시달림이 심하여 오고감에 장애를 받음을 일찍이 어찌 알았겠나이까.

  대중이 바람이 분다, 깃폭이 흔들린다 하였을 때 육조께서 그것은 바람이 분 것도 아니며 깃폭이 흔들린 것도 아니며 너의 마음이 움직인 것이다 함을 일찍이 알지 못하였나이다.

  간밤에 목이 마르므로 바가지의 물을 꿀맛처럼 대하였으나 아침에 해골바가지의 썩은 물임을 알고서는 역겨움을 못 이겨 개울가에서 토하다가, 아~ 모든 것은 한 생각에서 분별심이 나고 다시 그 분별심은 좋고 나쁨을 만들고 그 선악지심은 다시 덧없는 욕망을 좇고 덧없는 욕망은 온갖 경계에 끄들리며 경계에 끄들린 그 마음은 마침내 안을 살피기를 잊으며 안을 살핌을 잊은 그 마음은 근본을 모르고 오욕락을 따르는 중생의 길을 걷게 함을 깨우쳤던 원효대사의 이 도리를 산승은 일찍이 몰랐나이다.

  어떤 이가 봄이 왔다기에 봄을 찾으러 짚신 두 짝 메고 떠났으나 봄을 찾지 못하고 짚신이 다 닳도록 온 산을 헤맸습니다. 집으로 돌아오다 매화 밑을 지나는데 봄은 이미 매화가지 위에 있었음을 깨우쳤습니다. 산승은 일찍이 도를 좇았으되 도를 알지 못하였으니 천지분간이 아득하고 봄 속에서 봄을 찾은 아둔한 세월이 이제는 반평생이 지났습니다.

어떤 스님이 산속에서 지내다가 저잣거리로 나왔는데 버려진 아이와 인연이 되어서 안고 산속으로 돌아와서 18년을 같이 지내게 되었습니다.

어느 날 스승이 제자에게 이르기를 "얘야, 내 잠시 다녀오마." 하니 제자가 말하기를 "어디가노?" 하기에 스승이 "하산해서 며칠 정도 일을 하고 돌아오마."라고 하니 제자는 "응, 알았어." 하고 코딱지를 후비며 대청마루에 옆으로 누웠다.

며칠 후 스승의 도반이 찾아 왔는데 묻기를 "스승은 계시냐?" 하니 제자가 "아, 그 자식 아직 안 왔어. 언제 올지는 모르겠다." 라고 답했다.

도반스님은 놀라고 분을 이기지 못하고 제자의 목을 꿰어 잡고 방 안으로 들어가 예의를 가르치며 밤을 지새우자 마침내 제자는 피눈물을 흘리면서 자신의 잘못을 참회하고 그 스님은 흡족한 마음으로 돌아갔다.

며칠 후 스승이 도착하여 대문을 여는 인기척이 들리자 버선발로 나가듯 하여 허리를 굽히면서 말하기를 "스승님, 다녀오셨습니까." 하고 인사를 올리니 언하에 스승이 털썩 주저앉으면서 말하기를 "어느 개자식이 찾아와서 18년 공든 탑을 무너뜨렸구나." 했다.

경에 마땅히 "머문 바가 없는 그 마음을 내라." 하였으니 이 아이의 몸과 생각과 말과 행동은 일체의 상에 대한 분별이 끊어진 자리를 보인 것이며 세상일에 물들지 않은 모습이니 그대로가 청정 법신 비로자나불인 것입니다.

법신은 무궁무진하여 일체를 원융함으로 회향하는 것이니 앉고 서고 행하고 누움에 경계를 따르나 경계에 물들지 않고 탐하는 마음에 물들지 않으며 성내는 마음에 물들지 않고 한 생각의 분별심이 일어나더라도 착한 생각이나 악한 생각에 집착하지 아니하여서 다만 허허롭고 보되 보는 대로 듣되 듣는 대로 행하는 것이 자연의 흐름과 다르지 아니한 것입니다.

순진무구한 세 살 때 그 마음과 그 얼굴빛과 그 미소는 우리를 편케 하듯이 법신을 깨달은 그 마음은 하늘과 통하는 마음이며 삶과 죽음의 마디와 끊어짐을 넘어선 자리이니 그대로가 우주법계인 것입니다.

법신은 곧 우리의 신경이며 신경이 허허롭고 조화로움을 깨친 모습이니 깨달음과 함께한 신경은 천신이 옹호하며 다니시고 곧 법신의 몸이며 천신의 위신력을 입은 몸이 되는 것이니 오직 깨달음을 즐기며 생과 사에 연연함을 잊게 되는 것이니 이가 곧 우주인 것이며 우주는 곧 나인 것입니다.

생사지중에도 들숨과 날숨에도 호흡지간에도 늘 신경은 함께 머물고 있습니다. 생사에 얽매이지 않고 호흡을 고르게 할 때, 들숨과 날숨에 무념무상일 때 우리의 신경은 그대로 법신 비로자나

불인 것이며 그대로 청정한 국토에 머무는 것입니다.

성경도 불경도 머리맡에 둘 수는 있지만은 신경처럼 일체처일
체시 행주좌와 어묵동정에 둘 하나로 만날 수는 없는 것이나이다.

滿月堂

신경 神經

불경도 있고 성경도 있다. 신경도 있다. 오롯한 한줄기 맹서가 있어서 하루에 한 번이라도 꾸준한 수지독송을 이어가는 마음씨는 우리 몸의 신경이 춤을 추게 한다.

신경은 신이 다니시는 길이니 우리 몸속에 화엄성중이 있는 것이다. 화엄성중의 찬탄하고 옹호하는 바는 불법이며 깨달음이며 오장에 분신을 나투어 지킨다. 간담은 목이니 산신이며 소장, 심장은 불이니 제석천이며 위장, 비장은 토이니 지신이며 대장, 폐는 금이니 신장이며 신장, 방광은 물이니 용왕이다.

천신이 좋아함은 닫힘보다는 열림이다. 불법을 돌아보고 상대를 배려함을 기뻐한다. 우리가 불법승에 귀의하고 오롯한 마음씨를 낼 때야말로 신장이 춤을 추며 오장을 수호한다. 오장을 지키고자 온갖 인간 생각을 내어도 신경을 거스르고 신경을 해치면 보람이 없다. 신이 다니시는 길은 맑아야 신경이 춤을 춘다. 맑으려면 피가 맑아야 한다. 피가 맑으려면 물을 많이 마셔야 한다. 물을 많이 마시려면 호흡이 길어야 한다. 호흡이 길려면 정신을 모아야 한다. 정신은 들숨과 날숨의 조화에서 무념으로 나아간다. 들이쉬는 숨은 근기대로 하되 날숨은 가늘고 길게 천천히 하여야 한다. 들숨과 날숨의 조화를 이룬 호흡은 서서히 몸의 신경을 안정시킨다.

이 호흡이 저절로 생각 없이 이루어지는 경계를 만나면 온몸의 기맥이 뚫리는 소리를 듣는다. 신경이 춤을 추는 모습인 것이다. 그러므로 오장의 대신들이 신경의 부름으로 신명나는 활동을 시작하니 살과 피와 뼈의 모든 신하가 동참하여 움직이게 되고 이로써 무거운 몸을 벗고 가벼운 몸이 되는 것이며 피는 맑아지고 살은 부드러워지며 근육은 유연해지니 유연함에는 질병이란 말이 생겨날 수 없는 것이다.

어찌 신경을 받들지 않겠는가. 신경이 편안해야 몸이 편안하고 오롯한 한줄기 마음에 흔들림이 없게 되는 것이다.

이로써 온갖 부처님을 받들면서도 스스로가 즉심불임도 같이 보게 되는 것이다.

滿月堂

통
通

구름과 달

청산은 본래로 푸르고

인연은 오고 감이 없으니

옛 성인들 무상을 노래하고 만월당은

흐르는 구름 속 달빛을 보는구나.

滿月堂

입춘

　맞이함은 입이며 새로움은 춘이다. 이것이 있으므로 저것이 있
는 것은 입이며 이것이 없으므로 저것이 없는 것은 춘이다. 삼세
인과가 역역함을 깨달음은 立이며 삼세인과에 매이지 않는 그 마
음은 春이다. 입춘이 비록 봄이라 하나 마음 가운데 즐거움 지닌
자 사시사철 봄 아님이 없으니 나날이 그 마음 용솟음친다.

　滿月堂

나의 이름

나의 이름만 들어도 삼악도를 면하는 깨달음 얻고 나의 모습만
보더라도 열반으로 가는 지혜 얻나니 법에서 와서 법으로 살다가
정법으로 갈 것이니 이것이 온 바 없이 오고 간 바 없이 가는 것
모든 부처의 길을 나 또한 갈 것이야.

滿月堂

기를 뿜는 도자 그릇

상주시 함창면에 도자기 굽는 인간문화재가 있다고 하여 찾아 갔다. 그분은 인간시대에 출연하신 분이라 영상으로 뵌 적이 있다. 일천삼백 도의 열기를 이기며 작품을 내는 정성에 대하여 격려하고 이렇게 말했다.

"나는 하루 한 되 이상의 물을 마시며 가능하면 하루 두 되 이상을 먹고자 노력한다. 종일 물만 먹을 순 없는지라 부지런히 차를 마신다. 차는 하루 두 동이 정도 마실 때 내일을 위한 밤을 맞이한다. 나는 또 물을 마시되 한 되의 물을 담을 수 있는 큰 대접에 물을 가득 담아 한 호흡 한 숨으로 신속하게 마신다. 신속히 마시고자 하면 일심으로 진심을 모아 정성으로 마셔야 한다. 나는 이미 몸과 물이 하나가 되어서 한 되의 물을 마셨으나 찰나지간에 흡수되어 곧 이내 속이 허전하므로 다시 찻물을 데워 서산에 해가 지고 밤이 올 때까지 마신다."

이렇게 답했다.

"스님은 물을 물 같이 먹으며 차를 차 같이 마시니 하나로 꿰뚫음을 아신다. 이 도자기는 네 번을 담아 마셔야 한 되가 되고 여덟 번을 담으면 두 되가 된다. 번거로움은 있으나 이후에는 일천삼백 도의 열기 속에 탄생한 황금색 도자 그릇이 엄청난 기를 뿜으니 이 도자 그릇으로 물을 드신다면 한 가지 소원을 성취할 것입니다."

이렇게 해서 하루 여덟 번 황금색의 도자 그릇으로 물을 마시고 있다.

滿月堂

무상無常

　뒤돌아본 20년 세월이 새벽에 깨는 꿈처럼 흘렀으니 무상이 신속하다는 옛 어른들의 말씀이 어찌 지당하지 아니하랴.

　천문과 지리를 통하고 불법의 심오함에 몸을 의지하니 일심이 늘 청정하면 처처에 안락정토가 드러난다는 진리를 마음 밭에 새기고 동가식서가숙하더니 탐심은 점점 멀어지고 진심은 다듬고 다듬으며 치심에서 벗어나고자 늘 존상의 거룩함에 예경하고 예경의 뜻을 밝혀서 부처님의 위없는 법을 통하고 그로부터 무명과 멀어져서 진리의 밝음을 걸림 없는 지혜로 굴려서 만 중생을 구제한다는 일념이 들어선 지가 20년. 뜻은 세웠으나 인연 제도의 시절이 도래하지 아니하니 무상 살귀가 신속하여서 앞일은 헤아릴 수가 없구나.

　천 년 만 년을 살아도 선함과 악함을 고집하면 불법의 무리가 아니며 천 날 만 날 살아도 지혜의 근원인 진리의 당체를 체득하지 못한다면 죽고 삶의 수레바퀴에서 벗어날 수가 없으며 마땅히 제 멋대로 살더라도 제 멋 그대로가 도에 어긋남이 없어야 하루를 살아도 중생을 벗어던지며 곧 대도를 통한 것이라 하리니 공자께서 아침에 도를 들으면 저녁에 죽어도 좋다 한 말씀이 금일에 이르러서야 비로소 조금의 맛은 본 듯하다.

滿月堂

초암

조그만 집 한 채를 세를 얻어서 절이라고 간판을 내걸고 운영해 나가면 애로가 있다. 수입이 있어야 생활하는 것이니 절 집 수입이라는 것이 불공과 천도재 그리고 제사 때 생기는 것이다. 또는 사주나 관상을 봐 주거나 부적을 쓰거나 삼재 풀이를 해 주거나 또는 기 치료, 뜸, 교정, 지압, 침 이러한 것 등으로 수입원을 만들어 본다.

그러나 불자들은 정해놓고 다니는 원찰들이 있으니 초암을 방문할 일이 뭐 있겠는가. 법회 운영은 안 되는 것이다. 불공이란 것도 돈이 드는 것이니 권할 수가 없는 것이다. 천도재나 제사 또한 돈이 많이 드는 것이다. 본인들이 원하면 지내는 것이지만 권하기는 쉽지가 않은 것이다.

그리고 처처불성이요, 사사불공이라 하였으니 스스로가 스스로의 불공을 하면 되는 것이니 꼭 과일이나 예물을 올려야 하고 굳이 스님이 축원을 해야만 영험이 있는 것은 아닌 것이다. 천도재라면 조상의 극락왕생 발원을 기도하는 것인데 스스로의 깨우침과 스스로의 정진력이 곧 조상이 기뻐하는 바이다. 일자 출가에

구족이 승천한다 하였으니 진정 몸이 출가한 것이 아니며 깨우침으로써 부처님의 은혜를 갚는 것이 진정한 출가자이며 그러한 출가자가 있다면 곧 조상님이 부처님의 가피력을 입고 진실로 극락왕생하는 것이다.

극락왕생이란 저 서방에 있는 극락을 가기도 하겠지만 업장이 녹아서 무명이 떨어지고 본래 가지고 있는 참 성품이 드러나서 세상을 긍정적으로 볼 수 있는 힘을 득력하는 것이며 이러한 득력은 지혜로 드러나서 마음의 조화를 꿰뚫는 것을 말하니 시방세계가 마음으로부터 생겨나 곧 이 자리가 극락인 것이지 어찌 서방에 있는 극락정토를 탐할 것인가.

또 사주나 관상을 보러 오는 사람은 앞일을 예언 받기를 즐기고 때가 되면 저절로 행복이 찾아오기를 기다리는 것이니 사주나 관상 보기를 즐기는 사람들이 말로는 불교를 믿는다 하지만 실제로는 기도 한 번 하지 않고 깨달음이 무엇인지 의심하지 않고 수행의 의미를 애써 알려고 하지 않는다.

어쩌다가 어떤 사람은 당면 문제를 풀어 나가기 위하여 정통 사주학의 정확한 논리로 결과를 예측해 볼 수는 있으며 이러한 인연이 도움 되어서 전화위복의 계기가 되는 수도 있으나 그런 사람은 참 드물다고 본다.

재수부적, 삼재부적, 삼재풀이 등도 모두 부처님 말씀을 따르는 일들과는 십만 팔천 리 어긋난 행동이다. 무당이나 도사들이 신통을 부리는 방편들이니 부처님의 말씀을 새기고 새겨서 깨달음의 문 안으로 들어가야 할 불자라면 부적 등을 지니거나 삼재풀이가 가당키는 한 소리인가. 만약 그렇다면 가짜불자인 것이며 불자라면 부끄러워서 밤새 울어야 할 일이다. 참된 진리를 살피고 깨달아 들어가게 해야 함에도 연례행사처럼 하는 일은 멈추어야 한다.

기 치료, 침, 뜸, 척추교정, 지압, 마사지 등도 참으로 할 짓이 아닌 것이다. 병원은 설사 영험이 없다 할지라도 필요 없는 약을 지시대로 잘 챙긴다마는 대체의학은 사회적 인증도가 낮아서 설혹 큰 의술을 가졌더라도 알아주지 않고 혹시나 하는 마음으로 찾아왔더라도 며칠만 지나면 오지 않는다. 아픈 사람들은 큰 그릇됨이 부족함이 대부분이다.

그릇이 큼을 불교에서는 상근기라고 한다. 상근기는 아프기 전에 운동하고 살피고 점검하고 명상하고 수련한다. 하근기는 명상하고 수련하지 않고 아프면 용한 곳을 찾아 나서지만 설혹 용한 도사를 만나더라도 의심하고 믿지 않는 특징들을 보이고 있다. 그래서 크게 보람 있는 일이 못 되는 것이다.

산승의 지혜는 저절로 생겨난 혼자의 것이 아니라 부처님의 말씀을 오랜 세월 믿고 따른 결과로서 조그만 소견이 생겨난 것이며 이것이 곧 부처님의 가피력을 입은 증거이니 부처님의 가피력을 입은 자가 불교를 바로 세우지는 못할지언정 사주와 관상, 재수부적, 삼재풀이 등을 권해서 불종자를 해치게 할 수 있단 말인가. 그래서 초암에 살면 가난할 수밖에 없는 것이다.

滿月堂

도道

도부동道不同이어던 불상위모不相爲謀하라.

길이 같지 아니하거든 서로 도모하지 말라.

길과 도는 같다. 길이 있으면 길을 걸어간다.

도를 알면 도를 보고 도통한다.

걷다가 넘어지면 일어나고 다시 걷는다.

도가 막히면 불통不通이니 몸부림쳐서 통通함을 구한다.

걷는 자는 도달하는 곳이 있고 통한 자는 구함을 버린다.

잃은 바도 없고 얻은 바도 없는 것은 통通하니 시작도 없고 마침
도 없는 것을 앎이다.

사랑의 시작도 애정의 시작도 없다.

이별의 마침과 분노의 끝도 없다.

온 세상 그대로 감로의 세계인 것이다.

관음의 대자대비는 천고에 빛인 것을 안 것이다.

빛을 의지하면 어둠은 사라지고 무명無明을 등지면 곧 깨달음인
것이다.

滿月堂

봄

말 없음에 둘이 있나니 아는 자는 말하지 않으며 벙어리는 말하지 못한다.

세워둔 차에도 둘이 있나니 잠시 세워둔 차도 있지만 기름이 없어 못 가는 차도 있다.

봄에도 둘이 있나니 입춘 경칩 청명의 봄은 중생의 봄이며 사시사철 마음이 즐거움은 깨달은 자의 봄이다.

그래서 성 안 내는 그 얼굴이 참다운 봄이며 부드러운 말 한마디 미묘한 봄 향기다 하신 것이다.

滿月堂

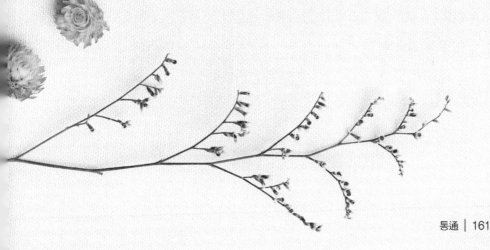

돈의 성질

묻고 답했다.

"돈의 성질이란 무엇입니까?"

"조심하여야 한다. 돈도 죽어 있는 돈, 살아 있는 돈이 있으니 아무 돈이나 받거나 써서는 안 된다. 살아 있는 돈은 땀 흘려 벌이거나 정당한 대가를 받은 돈을 말하는 것이고 죽어 있는 돈은 도둑질한 돈이거나 음흉한 짓에 의해 생긴 돈이다. 살아 있는 돈을 도움 받으면 준 사람도 다시 복으로 되돌려 받고 받은 사람도 하는 일이 잘 풀리는 도움이 있다. 만약 어떤 사람이 도둑질한 돈으로 도움을 받는다면 개같이 벌어서 정승같이 쓰는 것은 그쪽 사정이고 이쪽 사정은 그런 돈을 쓰게 될 때 벌써 도둑 같은 사람이 찾아와서 결국 뺏기거나 하는 일을 그르치게 된다. 그래서 돈에도 성질이 있다고 한다."

滿月堂

아시겠습니까 - 1

　　저 마당에 있는 개와 고양이. 저들은 부엌문만 열고 나오면 먹을 걸 주는가 하고 쫓아옵니다. 쫓아올 줄 아는 그놈은 결코 개도 아니며 고양이도 아닙니다. 이 글을 읽을 줄 아는 그놈은 결코 당신이 아닙니다.

滿月堂

아시겠습니까 - 2

"동자야~."

"네!"

"알겠느냐."

"뭘요?"

"그래, 됐다."

滿月堂

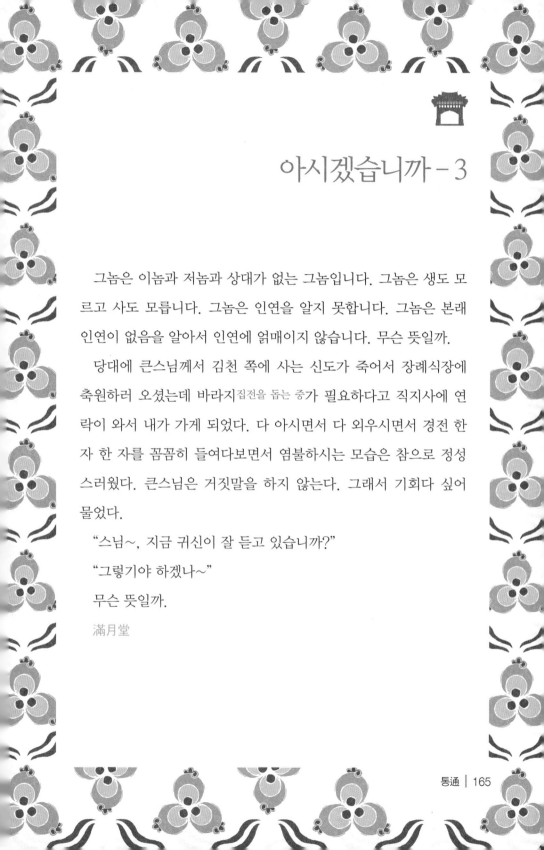

아시겠습니까 - 3

    그놈은 이놈과 저놈과 상대가 없는 그놈입니다. 그놈은 생도 모르고 사도 모릅니다. 그놈은 인연을 알지 못합니다. 그놈은 본래 인연이 없음을 알아서 인연에 얽매이지 않습니다. 무슨 뜻일까.

    당대에 큰스님께서 김천 쪽에 사는 신도가 죽어서 장례식장에 축원하러 오셨는데 바라지^{집전을 돕는 중}가 필요하다고 직지사에 연락이 와서 내가 가게 되었다. 다 아시면서 다 외우시면서 경전 한 자 한 자를 꼼꼼히 들여다보면서 염불하시는 모습은 참으로 정성스러웠다. 큰스님은 거짓말을 하지 않는다. 그래서 기회다 싶어 물었다.

    "스님~, 지금 귀신이 잘 듣고 있습니까?"

    "그렇기야 하겠나~"

    무슨 뜻일까.

滿月堂

아시겠습니까 - 4

　이놈은 하늘이 덮지 못하고 땅이 싣지 못한다고 합니다. 이놈
은 청정법신 비로자나불이라고 부르지만 스스로 법신불이라는 생
각이 없습니다. 이놈은 개 가죽을 덮어쓰면 개라고 부르고, 고양
이 가죽을 덮어쓰면 고양이라 부르고, 사람 가죽을 덮어쓰면 사람
이라 부르지만 개 가죽, 고양이 가죽, 사람 가죽이 곧 이놈은 아닌
것입니다.

滿月堂

아시겠습니까 - 5

　이놈이 작용하는 것을 알고 행함을 깨어있다고 하며 이놈이 작용하는 것을 모르고 있는 것을 어리석음이라 합니다. 이놈은 알아도 작용하고 몰라도 작용하고 있습니다.

　이놈을 알면 대우주와 하나로 머물며 생과 사가 없어지고 온갖 분별이 녹아 없어집니다. 이놈을 모르면 생사윤회가 끝이 없으며 온갖 탐심과 어리석음에서 벗어날 수가 없습니다.

滿月堂

아시겠습니까 - 6

이놈을 보고자 하거든 고요해야 합니다. 고요하지 아니하면 보기가 어렵습니다. 고요하려면 지극하여야 합니다. 지극함에 이르면 이놈을 만나게 됩니다. 이놈은 지금의 내 모습을 만든 놈입니다. 그렇지만 지금의 내 모습이 곧 이놈이 아닙니다. 이놈은 무량겁이 다하도록 지금과 같은 내 모습이 나타나게끔 수없는 변화를 나투고 있습니다.

이놈은 이놈이 나툰 이 몸이 온갖 분별심을 잊어버리고 온갖 망상심을 소멸시켜 선함이라는 생각, 악함이라는 생각을 이겨내고 얽매이지 않을 때 더 이상 변화를 나투지 않습니다. 그때에 이놈과 하나가 되고 한 몸이 되는 것입니다.

滿月堂

묻고 답한다

스님 질문 있습니다. 신묘장구 대다라니와 옴마니 반메훔 주력 수행 정진의 차이점은 무엇입니까? 그리고 신묘장구 대다라니 기도 중 몸이 붕 뜨는 느낌은 왜 그럴까요?

신묘장구 대다라니와 옴마니 반메훔 주력에는 차이점이 없습니다. 모두 정진의 한 방편인 것입니다. 두 주력의 공통점은 모두 '~아, 어, 오~' 등 동그라미 발음을 많이 쓰는 것입니다. 둥근 소리는 곧 우주의 소리이고 무시무종 즉 시작도 없고 끝도 없는 영원의 소리이며 이 소리는 우주와 통하고 천상과 통하고 온 법계에 통하는 소리인 것입니다. 따라서 신묘장구 대다라니 주력이나 옴마니 반메훔 주력이나 어느 것이 좋은지 헤아리는 생각을 버리시고 하고 싶은 진언을 하시면 되는 것입니다. 다만 하루에 한 번이라도 정해진 시간에 꾸준히 하는 것이 좋습니다. 편리에 따라서 불규칙한 시간에 기도하여도 좋으나 어떤 사람은 오후 두 시에 주력을 하길 마음 작정하고는 그 시간이 돌아오면 설사 장소가 길을 걷던 중이라도 그 자리에 서서 기도하였다고 합니다. 이것이 자기 정진인 것입니다. 자기 정진의 원력 속에 우주와 함께되고 관음보살이 돌아볼 수 있는 정성이 드러나는 것이며 정성은 곧 하늘과 통하고 부처님의 마음과 계합하는 일인 것입니다. 찰나에 이치와 계합하여 통하고 즉시에 깨달아 성불하고 즉신성불하는 것이 부처님의 가르침이니 정성스러움과 꾸준한 정진과 굳은 믿음이 하나로 통할 때 그 순간 일겁도 없고 무량겁도 없고 오직 현전하는 현상계와 바라보는 주인공만 드러나는 것이니 그 가운데에 현혹됨이 없고 분별망상이 없고 확연해지는 것입니다. 한 번 확연해지면 아는 것을 안다 하고 모르는 것을 모른다 하고 분명해지는 것입니다. 이미 분명해지면 옳음과 그름, 삿됨과 바름의 경계가 또한 또렷이 드러나서 비로소 옳음에 꺼들림이 없이 선을 쓰고 삿됨에 끄들림이 없이 삿됨을 경계하는 것입니다.

또 기도 중에 몸이 붕 뜬다고 하는 것은 그동안 기도를 많이 하셨고 또한 소생의 기를 여러 번 받아들이면서 몸의 변화가 신속하고 영성이 열리는 과정인데 아직은 부족한 과정이며 좀 더 기도를 일심으로 하여 나아가면 몸 주변에서 번쩍번쩍 하는 빛이 튕겨지는 것을 볼 수가 있으며 좀 더 나아가면 눈을 감았을 때 온갖 빛을 보면서 기도하게 되며 좀 더 나아가면 먹지 아니하고도 자동염불이 되고 좀 더 나아가면 염불삼매 속에 시간과 공간을 잊어버리게 되며 좀 더 나아가면 온갖 부처님을 친견하고 천상의 음악소리를 듣게 되고 좀 더 나아가면 온갖 빛의 경계와 온갖 부처님의 친견과 천상의 음악소리도 내 마음 가운데서 지어져 나온 분별 망상임을 알게 되고 좀 더 나아가면 분별에 꺼들리지 않으며 망상에 흔들림이 없는 본 마음의 바탕이 텅 빈 것을 알고도 꽉 차 있는 것도 알아서 마음이란 하늘이 덮을 물건도 아니며 땅이 실을 물건도 아님을 알게 되는 것입니다. 그래서 기도 중에 몸이 붕 뜬다거나 혹은 빛을 보는 것은 기도해 가는 과정 속의 일일 뿐이니 그러한 현상은 의심을 낼 일도 아닌 것임을 알아야 합니다.

구리로 만든 종소리를 들을 기회를 가져 보시기 바랍니다. 한번 '땡' 하고 쳤을 '때 땡' 하는 소리는 잊어버리시고 '웅~' 하는 여운을 따라가 보시기 바랍니다. 바로 그 소리가 옴마니 반메훔의 소리이며 신묘장구 대다라니의 소리일 것이니 그 소리를 쫓아가는 그 마음으로 주력을 지어가시면 기도의 힘이 붙을 것입니다. 또한 관세음은 세상의 소리를 본다는 것이니 경계를 쫓아서 꺼들림이 없음이며 관자재란 스스로의 내면을 잘 살펴서 온갖 집착이 부질없음을 보는 것이니 안으로는 공을 생각하고 바깥으로는 색을 잘 살펴서 탐이라는 집착과 성냄이란 집착을 벗어 던지고 어리석음에서 벗어나는 것을 보살이라고 하는 것입니다.

滿月堂

수행

기의 맑고 탁함

여러 보살님과 거사님이 기체험氣體驗을 위하여 기다리고 앉았다. 오늘은 몸과 재수 운이 비례하고 기가 잘 도는 몸이 재수가 좋으며 기가 잘 돌지 않는 몸은 재수가 막힌다는 것을 입증하고 싶었다.

보살님 한 분은 허리를 수술한 연후에 오른쪽 다리가 틀어지고 식당업한정식, 순대국밥을 하는데 오후 4시 이후에는 신경이 아파온 다고 한다. 10분 복부 기 받기, 10분 원축행공을 시켰더니 얼굴색 이 밝아지고 눈이 밝아지며 몸이 가벼워졌다 하니 옆에 있던 남편 이 감복한 듯했다. 기를 넣고 순환시켜 보니 기가 잘 돌았다. 대중 에게 말했다.

"여러분! 오늘 대중 가운데 나의 기氣를 신속히 받아들이기로는 으뜸인가 합니다. 그래서 물어 보겠습니다. 보살님은 무슨 장사를 하세요?"

"네~ 정식과 순대국밥 장사를 합니다. 남편은 회사원이구요."

"제가 물으니 기탄없이 말해주세요. 몸이 맑고 기운이 좋기 때 문에 기를 보냈을 때 신속히 받아들였습니다. 순대국밥 장사가 잘 됩니까? 잘 안됩니까?"

"잘된다기보다 그런대로 잘됩니다."

또 한 보살님은 기를 잘 받아들이지 못하여 한 시간 동안 기가 차도록 서서 기 받기를 세워 두었는데 진동이 미세하고 빠르지 않았다. 그래서 물어보니 큰 가게오리백숙, 삼겹살, 보쌈를 운영하는데 잘 되지 않아서 가게를 부동산에 매매 부탁해 두었다고 한다.

또 한 보살님은 두 번째 기를 받더니 다리에서 찬바람이 빠져 나온다고 춥다고 한다. 그리고 가슴이 답답하다고 한다. 그래서 뼈 속에 머물던 찬바람이 빠져 나오는 것이며 가슴이 답답한 것은 일을 해야 할 사람이 술이나 담배에 의지해 근근이 소일거리를 삼았기 때문이라고 말했다. 또한 술이나 담배 때문에 간 손상이 있었지만 화병까지는 나지 않은 것이며 기회가 주어지면 술이나 담배 대신 조그만 가게를 운영할 수 있도록 남편과 의논하라고 했다.

이와 같이 몸의 맑고 탁함, 기氣의 유무有無에 따라서 장사가 되고 안 되고를 정확히 입증하였다. 놀라운 발견은 몸이 맑은 사람, 기가 충만한 사람은 부지런하고 친절하고 남의 말을 잘 들어주고 자기주장 대신 미소를 보인다는 것이다. 39년 동안 겪은 경험을 돌아보면 특히 신앙하는 사람들이 나의 기氣를 받아들일 준비가 되어 있다.

그러나 '나는 신앙생활을 오래 했는데도 스님의 기운을 신속하게 받아들이지 못하니 어찌된 일입니까?' 하고 묻는 분들이 너무나 많다.

일례를 든다면 어떤 스님이 나에게 말하기를 '신도들 모르게 살

짝 기를 받고 싶습니다' 하는데 원하는 대로 해주긴 하지만 신속한 효과를 얻지 못한 것을 이야기한다.

왜 그런가?

스님이라는 상教慢에 떨어져서 마음속에 분별심이 생겨서 본래 바탕인 세 살 때의 마음을 놓쳤기 때문이다. 신도信徒 또한 '내가 어느 절에 시주했네', '누구 스님과 잘 아네', '백일기도를 몇 번이나 했네', '불교대학에서 온갖 경經을 다 보았네' 자랑하고 떠드는 분들은 신속히 기를 받아들이지 못하였다. 교만은 신앙이 아니며 가피가 없다. 기氣를 받아들이는 것은 우주宇宙와 하나 되기 위한 간절함이고 노력努力이다.

滿月堂

나의 기체험기1

저는 16세에 입산하여 나름대로 수행하여 왔는데 특별한 것은 없고 기도 생활과 경전 공부에 몰두하여 왔습니다. 25세에 주역에 관심을 가져서 강사 생활을 한 적은 오래되었습니다. 산서를 공부하여 무형의 이치를 유형의 기운의 세계와 하나로 회통하기를 좋아하였습니다.

한 자리에 3개월을 제대로 산 적이 없을 정도로 저는 만행을 좋아했습니다. 그 와중에 저는 만남과 사귐을 좋아하였으며 나름대로의 견해가 있는 분들과 교류하기도 좋아하였습니다.

예를 들면 큰스님과 같이 살기를 좋아하였고 초능력자, 단전호흡 하는 자, 요가 하는 자, 생식하는 자, 관상 보는 자, 천문을 보는 자 등 많이도 만나 보았습니다.

저는 한 가지 견해가 바로 서는 것을 좋아하였지만 특별히 기를 사랑한 적도 없습니다. 그런데 어느 날 기가 들어온 것입니다. 이후에 주변의 스님들은 과거 수행의 업이라 하시고 정신이 구족되기를 오래하면 기는 따르는 법이라 하시는 분도 있고 수행자의 마음을 가진 삶은 누구나 기가 올 수 있는 것인데 바르게 활인으로 회향하는 것이 중요하다고 말하는 사람도 있었습니다.

생각해 보건데 저는 사물의 이치를 곰곰이 따지기를 즐겨했는데 평소의 깨달음에 대한 확신도 있었고 공부의 진전도 있었습니다. 일일이 적을 수는 없으나 조그마한 소견을 보인다면 다음과 같습니다.

❶ 기는 수행이다.

❷ 기가 전이한다는 것을 느낀다.

滿月堂

나의 기체험기2

1998년 어느 날 미간 백호의 약 30cm 거리에서 시퍼런 불덩어리 하나가 번쩍 갈라지면서 천지가 무너져 내리는 진동 소리를 듣고 소스라치게 놀라며 잠을 깨니 새벽 1시 50분경이었습니다. 참으로 놀랐습니다. 그날 이후에 이상한 현상들이 생겨나기 시작하였는데 거의 한 달 동안 먹기도 싫고 앉기도 싫으며 움직이는 그 모든 일이 귀찮아지고 늘 피곤한 몸이 되었습니다.

그 이후로 이와 같은 느낌이 평상시에 혹 말하기도 하고 혹 듣기도 하던 기의 체험인 것을 알게 되었으며 기가 무엇인지 의심하고 생각하게 되었습니다. 기에 관심이 있었거나 수련을 좋아했더라면 이와 같은 기체험은 당연한 결과일지도 모릅니다. 저의 경우는 전혀 그렇지가 않았기 때문에 무슨 인연인지 지금도 그 궁금증은 여전히 품고 있습니다.

그 이후로부터 몸에 항상 기가 충만하여 있었으며 내공은 점점 쌓이기 시작하고 생각을 일으키면 모든 이에게 기를 보낼 수 있게 되었으며 자나 깨나 몸은 언제나 기운이 함께하였습니다. 한 가지 분명한 것은 1998년 그날 이전만 하더라도 온갖 질병과 싸우며 병고에 시달렸던 것과 달라진 것입니다.

예를 들면 저는 어릴 때 좌측 중이염으로 한쪽 귀가 들리지 않았습니다. 그러나 이후에 소리가 들리기 시작하였습니다. 군에서는 폐결핵 4기로 의병제대하였는데 지금은 정상인에 비해 두 배 이상 깨끗하다며 병원에서 놀라운 일이라고 하였습니다.

한편으로는 어릴 때 우측 다리 소아마비 증상으로 오랜 세월 동안 매달 한 번씩은 신경마비 증세가 찾아와서 고통스러울 뿐 아니라 눈물까지 흘려야 했습니다만 지금은 마비증상이 없어지고 서서히 다리 근육의 힘을 얻기까지 하였습니다. 그리고 어린 시절 만성축농증과 비염으로 시달려야 하였으나 지금은 거의 느끼지를 못하고 있습니다. 또 과거에 술병으로 인하여 위염과 위궤양을 얻게 되어서 항상 고통받아 왔으나 지금은 전혀 그렇지가 않습니다.

도대체 아프다는 말이 옛말이 되고 만 것입니다. 기를 통한 후 나름대로 깨달은 방법으로 계속 기수련을 하기 시작하면서 몸속의 탁기는 수시로 빠져나왔고 몸무게가 74kg에서 59kg까지 빠진 이후에 늘지도 줄지도 않더니 18년이 지난 지금, 다시 67kg이 되어서 원래의 몸으로 돌아왔습니다.

조급한 성격이 느긋함으로, 느긋함을 다시 편안함으로 표현하고 싶습니다. 저는 매일 오십 분씩 방 안에서 혹은 밖에서 회전굴림으로 돌고 있습니다. 이때는 돌면서 명상에 마음을 두는데 약 15분이 경과하면 제가 원하든 원하지 않든 전혀 관계없이 천지간에 수포 같은 물방울이 가득한 것을 보고 다시 수포는 변한 건지 아닌지는 모르나 온데간데없고 천지간에 은빛 혹은 금빛들이 허공에 가득한 것을 보는데 그것이 다시 육각수 모양의 형태를 짓고 그 형을 하나로 보아 그것이 다시 거대한 육각수 모양을 이루기를 끝없이 하여 천지간에 육각수 모양의 고리가 순환으로 엮여져 있음을 봅니다.

이때 다시 돌고 있는 나의 몸을 보면 발등과 손에서 시퍼런 기운들이 가득 차있음을 보기도 합니다. 한편으로는 잠시 쉬고자 하여 서있을 때는 마당 한가운데서 토네이도와 같은 기 기둥이 회오리치는 모습을 보기도 하였으며 구름과 같은 형상을 한 기 기운들이 흘러가는 것도 보였습니다.

저는 매일 한 시간씩 누워서 지그시 눈을 감고 와선에 들기도 합니다. 이때는 미간 백호 사이로 약 15cm 정도에서 푸른 불빛이 찾아듦을 느끼기 시작하는데 이때는 시간이 약 5분 정도 경과했음을 인지하게 됩니다. 푸른 불빛을 따라가면 점점 천지간에 푸른빛이 홀연 사라지고 온갖 영롱한 색을 보는데 마침내 황금색이 천지간에 가득함을 보며 다시 이내 없어져 둥근 달과 같은 원형이 나타나며 그 속에서 이루 말할 수 없는 사람의 형상과 신장의 형상과 보살의 형상, 얼굴과 몸이 허공과 하나 된 형상들이 혹은 말하듯이 혹은 보여주듯이 하곤 사라집니다. 이때에 온몸에서 '꾸르륵' 하고 기맥들이 뚫리는 소리를 끊임없이 듣습니다.

滿月堂

나의 기체험기3

저는 가끔 앉아서 좌선할 때가 있습니다. 이때는 기의 발기로 인해서 몸이 자율적으로 움직이는 것을 많이 느끼는데 명상에 들고자 할 때는 절대로 동하지 않으려고 합니다.

하여 명상과 기 운용을 분명히 달리 하고자 합니다. 또한 기 운용의 흐름을 제어할수록 기는 더욱 증폭한다는 것을 알게 되었습니다. 어느 때는 기 운행만을 생각하고 눕거나 앉으면 거기에 맞는 온갖 운동의 몸 움직임이 나오는데 활법에서도 볼 수 없는 오묘하고 신묘한 자세가 많이 나옴을 보기도 합니다. 검을 잡고 있으면 검법의 자세가 나오기도 하고 운동의 기본자세를 취하고 있으면 저절로 운동이 되는 것도 느끼곤 합니다.

또 어느 날 갑자기 물과 소금 외에는 먹을 수 없는 그러한 생각이 일어나기 시작하면서 비록 나물이라 하더라도 양념이 된 것은 먹지 않게 되고 선식과 단식을 한 철이나 한 후에야 다시 보통의 음식을 먹게 되더라도 음식에 대한 절제와 소식이 이어지게 되었습니다.

본시 수련을 먼저 한 경우가 아니고 저의 경우는 먼저 기를 체험하고 뒤에 이와 같은 경험들을 하게 되었으니 무슨 인연인지 선배님들에게 하문하여 봅니다.

'기가 무엇인지', '기란 무엇인가' 하고 많은 생각을 하게 되었습니다.

제 생각엔 기는 마음일 뿐 기는 호흡일 뿐 기의 실체는 없습니다. 마음 외에 따로 법이 없고 호흡 외에 따로 기가 없으며 기의 실체도 받아주는 마음 안에 있고, 마음이 없으면 기도 없고 마음이 있어 기도 있습니다. 무형과 유형의 조화는 곧 깨달음입니다. 공자가 안회를 두고 이르기를 보여도 보지 않고 들려도 듣지 않는 사람이라 하였습니다.

저는 이 말씀을 항상 소중히 하는데 다만 짧은 저의 소견에 선배님들의 일침을 기다립니다.

滿月堂

나의 기체험기4

　1998년 여름 새벽 천지가 무너지는 소리를 듣고 강렬한 섬광을 만난 후 기통하게 되었습니다. 수행으로 보림하던 중에도 끊임없이 기체험을 반복하며 그동안 이치로써 알고 깨우친 소식들을 기의 실체를 만나고 느끼면서 제불성현의 참된 가르침의 뜻을 더욱 진실한 마음으로 만나게 되고 신심을 더욱 굳게 해 주는 계기가 나날이 생겼습니다.

　내가 잠을 잘 때 베개를 베지 않는 것이 어언 18년이 되었습니다. 나의 의식에서 베개를 베어서는 안 된다고 말하듯이 가르쳐 주었으며 실제로 잠잘 시간을 가져 눕게 되면서 조용히 숨질을 관하면 이내 온몸에 기가 엄습해오는데 용천으로부터 토네이도와 같은 느낌의 '기 기둥'이 하단, 중단, 상단을 거쳐 백회로 돌아가는 것을 느낍니다. 이때 베개를 베었을 경우 기가 오르지 않고 이내 끊기는 느낌과 아래로 다시 내려가는 느낌을 받습니다. 몸에 이물질을 접촉하지 않고 자연 그대로 눕는 습관을 가지면 비록 휘어진 척추라도 돌아온다는 논리가 있거니와 과연 그러한 기운을 체험하고 확신한 지가 오래되었습니다.

잠자리에 들 때를 수행의 시간으로 삼은 지가 벌써 18년이 되었습니다. 과거 기통하기 전에는 잠은 마땅히 육신과 정신을 놓는 것으로 알았고, 깨어나면서 내가 숨 쉬고 있음을 알고 살아있음을 또 하루로 삼았습니다. 기통 이후에 수면에 드는 바로 그 시간이 구애받지 않는 혼자만의 시간으로 명상하기에, 와선하기에 가장 좋은 최상의 기회임을 알게 되었습니다.

내가 침상에 누울 때면 기는 고요한 기운을 얻어서 활동을 시작하고 나의 몸 이곳저곳 특히 기운이 가장 약한 장기를 지나다니며 강력히 조이기도 하고 풀기도 하고 장기를 다스리는 것을 느끼기 시작했으며 내가 잠시 숨을 멈추면 기는 그것을 알고 다시 명궁으로 숨을 들이쉬고 내쉬는 것을 느끼며 내가 한 생각을 내지 않고 흐르는 생각대로 문득문득 떠오르는 생각들을 흘려보내고 있음을 직시하고 있으면 미간 백호 사이로 푸른빛이 들고 나며 다시 큰 원을 나투며 나의 전생인 것 같은 모습들을 보여주곤 합니다.

이때에 문득 나의 생각은 나의 몸이 곯아떨어지듯 코를 고는 것을 다시 나의 귀로 듣게 합니다. 나는 이와 같은 느낌과 생각과 느낌과 생각을 가지는 생각을 수없이 관망하고 또 이렇게 관망하는 동안 문득 나의 몸이 자고 있다는 것을 명상하게 되면서 어느덧 눈을 뜨고 일어나 앉으면 몸이 피곤하지 않은 것을 보고 내가 잠을 잔 것을 알 수 있었고, 또 내가 일어나기 전까지 수많은 기운과 불빛과 전생을 보며 많은 생각들을 하며 시간과 공간이 없는 그 찰나를 지나고 있음을 알았으니 자지 않았던 것도 알았습니다.

나는 시간과 공간이 없다는 개념이 한 생각 이전에 존재한다는 것을 알았습니다. 내가 기운과 더불어 내면 상태가 깊어지고 한편으로 기가 온몸을 감싸고 그 힘에 의하여 마치 바다 물결같이 출렁이는 느낌으로 몸의 기운 상태를 느낄 때 나의 몸은 백지장보다도 가볍다는 생각을 일으키게 됩니다.

이때에 많은 시간이 흘렀는지도 모른다는 생각에 이르렀을 때, 시간은 얼마 되지 않았고 또 어느 때는 참으로 짧은 시간이라는 생각이 들었을 때는 오히려 긴긴 시간이 흘렀을 때가 있습니다.

한 생각이 천지를 나투고 한 생각의 경계가 시간과 공간을 형성하고 한 생각의 뚫리지 못함이 극락과 지옥과 육도의 경계를 나투어 무명과, 무명의 세계와 무명의 업식과 무명의 업보를 생겨나게 한다는 것을 알게 되었고, 과연 시간과 공간을 없애고 극락과 육도의 세계를 없애고 무명의 업식과 무명의 업보를 없애는 모양이 어떠한 한 생각인지 알게 되었습니다.

나는 공부함에 있어서 자나 깨나 하라는 옛 스님들의 말씀을 들은 적은 있으나 그 뜻을 잘 알지는 못했는데 이러한 인연으로 '아하! 이것이 자나 깨나구나' 하는 것을 알게 되었습니다. 한 생각도 놓지 않는다 함은 바로 자면서도 몸만 재우고 생각은 재우지 않는다는 것을 알게 되었습니다.

滿月堂

나의 기체험기5

1998년 여름 어느 날, 천지가 무너지듯 큰 소리를 듣고 이루 말할 수 없는 강렬한 섬광이 번쩍 하고 갈라지듯이 불꽃을 이룰 때의 그 순간, 나는 몹시도 놀라서 번쩍 눈을 떠보니 나의 몸은 자고 있었고 나의 혼백은 시간과 공간의 어우러짐으로 인해 분별력을 놓치고 정지되어 있는 혼백임을 깨달았다.

그날 이후로부터 약 2개월 정도 동안 나의 몸에서 나타나는 일들은 보통 때와는 달랐다. 저녁에 잠을 이루고자 하면 혼백은 점점 맑아지며 한 생각의 흐름이 끝없이 이어지며 지나간 일들의 회상들과 지나간 시간에 의해 일어난 깨달음들과 지금에 일어나는 생각이 지난날 일으킨 생각보다 더욱 확실하다는 깨달음의 생각이 일어나며 문득 시간과 공간의 개념 속에서 일어나는 분별이 아님을 느끼기도 하고 시간과 공간의 개념을 잊은 것도 알게 되고 일어난 생각들을 지속하는 이 한 생각이 또한 나의 생각이 아니었음도 알게 되고, 아니었음을 알게 된 이 생각도 없었음을 알게 되기를 거듭 반복하게 되었다.

한편으로는 문득, 나의 몸에서는 이루 말할 수 없는 찬바람이 끝없이 빠져나오며 그 순간들은 마치 겨울 날씨에 바깥마당에서 이불 없이 자는 형상과 똑같다고 할 수 있었다. 한없는 추위가 엄습하며 특히 하복부의 양쪽 정강이와 슬관절, 고관절, 대퇴부, 장골의 뼈는 얼음장처럼 차가워지며 한편으로는 동상으로 얼어붙듯이 점점 피부를 압박하면서 기 기둥이 단전을 통하고 명궁을 통하고 온몸으로 엄습하며 가슴 위로 올라오는 것을 느끼고 있었다.

비로소 사람의 몸에 차가움이 뼈로부터 있다는 것을 그 순간 알게 되었고 나의 몸과 뼈 속에 이루 말할 수 없는 찬 기운이 서려 있었음을 알게 되는 순간들이었다. 사람의 몸이 따뜻하다 함은 뼈로부터 냉기가 빠져나가고 천지간의 물, 불, 바람의 기운이 나의 뼈를 통하여 따뜻함으로 오고 갈 때야말로 천하가 양기로움으로 만물을 살리듯이 나의 마음도 편안함으로 충만해지는 것을 알았다.

약 2개월 동안 낮에는 몸이 천 근같이 무거워지고 발걸음도 힘들었으며 말하고 싶은 의욕이 없어졌으며 먹고 자는 생각이 일어나지도 않았으며, 다만 따뜻한 햇살 속 처마 밑에 자리한 난초를 바라보며 멍하니 있는 모습으로 주변을 돌아보는 생각도 잊었다.

어느 날 갑자기 한 생각이 밝아지듯 기쁨이 충만하듯 용솟음치는 것을 느끼며 갑자기 나의 몸이 새털보다 가볍다는 생각이 일어나고 스스로의 의지가 아닌 듯 나는 일 할 "이야~~~!" 하고 방안에서 큰 소리를 부르짖으며 마당으로 달려 나가 몸을 솟구쳐 공중으로 뛰기도 하고 어릴 때의 운동 습성을 떠올려 사방으로 동작을 일으켰다.

그리곤 나의 몸이 가벼워졌음을 깨달았고, 나의 몸은 2개월 동안 14kg이 빠져 있었고 나의 몸은 뼈로부터 따뜻해졌음을 알았고, 나의 손과 몸에서는 나의 숨을 통하여 따뜻한 바람이 나오며 나의 숨질을 통하여 나의 기운에 따라 주변 사람들의 기운을 느끼기 시작하였다.

수련은 항상 있는 것이고 나의 생활 그대로의 모습이 수련 아님이 없었다. 어느 날 빗물에 마사토가 떠내려가서 맑은 날씨를 기다려서 산에서 마사토를 파내어 다시 움푹 파인 마당을 메우기 위하여 삽질을 하였다. 한 시간 정도의 운력 끝에 잠시 쉬고자 방에 들어왔는데 고단한 탓에 나도 모르게 잠들게 되었다. 문득 잠에서 깨어 보니 시간은 30분 정도 흘렀으며 양손에는 마치 밀가루 반죽을 이긴 듯 기 덩어리가 손바닥 주변을 맴돌며 출렁거리고 있음을 알았다. 이때 기운이 들어오는 것을 알고 받아들이고자 하면서 유심히 기의 운행을 지켜보는데 장심에서의 경우는 손바닥 주위에서 기 덩어리가 회오리치듯 하며 왼쪽 방향으로 여러 번 돌다가 다시 원심력의 작용과 같이 오른쪽으로 여러 번 돌다가 갑자기 바늘귀보다 가는 기운으로 변하여 찰나에 장심을 통해 몸속으로 들어오는 것이다.

이상한 것은 운동을 하고자 자발공으로 돌 때는 나의 의념이 들어가기도 하는데 장심의 경우는 나의 의념과는 무관하다는 것이다. 생활 속에 특별한 의식이나 의념을 두지 않는데도 갑자기 백회에서 기운이 들어오거나 용천에서 기운이 들어오거나 장심에서 기운이 들어오는 것이다.

　기의 운기 중 또 다른 모습을 경험하며 놀라고서는 다시 일어나고자 하였을 땐 이미 하룻밤을 충분히 잔 것이나 다름없는 또렷한 맑은 정신과 가벼운 몸으로 바뀌어 있음을 알았다.

　滿月堂

나의 기체험기6

　이때에 생각하기를 나의 몸에 기운이 빠져서 내가 피곤에 지치면 지친 만큼 기 기둥이 몰려와 이내 나의 몸을 정상치에 올려놓음을 이후에도 수없이 겪으면서 '기는 마치 과학이다'라고 느낄 정도로 나의 몸 상태를 잘 살펴서 부족한 부분과 넘치는 부분의 균형을 알아서 잡아 주었다.

　매일 저녁 무렵 나는 산책을 하는데 한 걸음 한 걸음 옮길 때마다 기 바람이 몸에서 일어나며 몸 주변을 떠나지 않는다. 이때 손의 동작을 크게 하면 기도 크게 따라 일어나며 발걸음을 가볍게 하면 마치 지면 위를 떠 있는 듯 미끄러지듯이 하며 몸이 나아갈 때 기가 호흡 속에서 일어나니 호흡은 일어나는 생각보다 먼저 있는 자리이며 또 생각의 모양대로 기의 모양도 생각을 짓는 것을 느끼면서 깨달음보다 호흡이 먼저이며 미혹함을 알기보다 호흡이 먼저이며 호흡이 있어서 깨달음도 알고 미혹함도 알 수 있어서 호흡 속에 기가 있음도 알 수 있었다.

　삶이 있어 분별도 있듯 생각이 있어 기의 운용도 있으며 생각이 지혜를 드러냄을 수행이라 하고 생각 따라 기를 일으킴이 자유로움의 수련이라 할 수 있고 체와 용의 조화에 걸림이 없어서 깨달음이라 하고 기를 일으켜 시간과 공간을 초월함에 자유자재하니 기통이라 하겠다. 생각해 보건데 기운에도 음양의 변화가 스스로 자재한 것 같다. 이러한 인연을 몸을 떠나서 생각해본다면 두두물물이 사시에 변화를 일으키는 것을 역이라 하는 것과 같으니 대우주의 변화와 인체 즉 소우주와의 관계는 하나의 일관된 이치로 존재하는 것이다. 그렇다면 우리의 의념이나 의식이 자연적으로 일어나는 우주 변화의 이치와 다르지 않다면 이것은 순행의 생각이 일어난 것이고 실상을 바로 보는 이치의 문에 들어선 것이 아닌가 생각해 본다.

또 그렇지 않다면 이것은 망상이 되고 현혹심이 되어서 자연과 하나로 돌아가지 못하는 인간 생각이 되는 것이다. 인간 생각으로 순행의 이치를 따르기는 지극히 어려운 것이며 그래서 옛 선인들께서 자연으로 돌아가고 자연인이 되라고 하신 것이라 생각하게 된다.

또 운전을 하기 위해 길을 나설 때 달리는 차 안으로 시시각각 들어오는 기운의 느낌도 다르다는 것을 알았다. 가령 무덤이 많은 곳을 지나거나 병원을 지나거나 할 때면 차 안으로 어두운 기운이 몰려 들어와서 몸을 송곳으로 찌르듯 하거나 몸의 구석구석이 심하게 따가우며 맑은 공기가 감도는 곳을 지날 때와는 다르다는 것을 느끼곤 한다.

또 상대와 마주 앉는 경우에는 기운이 맑다고 느껴지는 분에겐 마치 박하 향과 같은 그윽한 향기가 진동하는 것을 경험하기도 하였으며 몸의 균형과 기운이 흩어져 보이는 사람에게서는 마치 시궁창에서 나는 썩은 냄새가 나는 것을 느끼기도 하였으며 상대의 아픈 부위가 그대로 나의 몸속으로 전이되어서 느껴지는 것도 경험하였다.

문득 혼자 있을 때나 손님과 더불어 있을 때나 나의 몸과 몸 주변의 약 2cm 거리에서 푸른빛이 번쩍번쩍 하며 튀는 것을 보고 놀라기가 한두 번이 아니었다.

어떨 때는 잠시 누워 눈을 붙이고 깨어났을 때 나의 양 손이 배를 압박하며 기를 넣고 있음을 느끼고 손을 풀고자 하니 이미 육체의 손은 나란히 펼쳐져 있었고 내가 느낀 손은 형체가 없는 마음의 손임을 알 수 있는 유체이탈의 현상을 느끼기도 하였다.

滿月堂

나의 기체험기終

　어느 때는 짐짓 놀랄 일을 겪어서 심신이 극도로 피곤하여 몸을 가누지 못하고 먹은 것을 소화시키지 못하고 어지러움과 현기증을 느끼며 여러 날을 고통 받던 중에 이러한 고통에서 즉시에 벗어나고자 하는 생각을 일으켜서 정신을 모으고 고요한 마음으로 들어가서 들숨과 날숨을 일으키며 우주의 충만한 기운을 나의 기운으로 삼고자 관하기를 계속하며, 한편으로 미간 백호 제3의 눈에 드러나는 푸른빛을 쫓아 끝없는 세계로 나아가기를 계속할 때 홀연히 중단전에서 '탕' 하는 총소리가 크고 정확히 들려 놀라서 눈을 떴다.

　그 순간 나의 가슴 즉, 중단전에서 '꾸르륵 꾸르륵' 하고 나는 소리가 마치 폭포수의 물 떨어지는 소리와 다를 바가 없었으며 홀연히 온몸과 양손에서 땀이 비 오듯 하며 기운이 다시 예전처럼 돌아오고 원기가 회복되는 것을 느끼며 고통에서 즉시 벗어날 수 있었다.

　어느 때는 고요히 와선으로 명상에 들어 크고 강한 기운을 모으고 나의 몸 전신이 기 기둥의 큰 기운으로 싸여 있음을 느끼며 한편으로는 미간 백호 상단전의 30cm를 바라보며 빛을 쫓아갈 때 푸른빛이 차츰 청·황·적·백·흑색으로 바뀌면서 다시 크고 둥근 원으로 온갖 금색 광명을 놓더니 그 속에서 온갖 기운의 모양과 형상을 관하던 중, 홀연히 몸이 집채와 같이 크고 붉은 홍포를 걸쳤으며 머리는 삭발이고 천인인 것 같은 도인이 나의 가슴에 큰 기운을 불어 넣어 주는 것을 스스로 관하였다.

홀연히 생시처럼 7세 동자인 듯하고 얼굴의 형상은 관세음의 미소를 가졌으며 기색이 이 세상 사람이 아닌 것 같은데 나의 방문을 열고 쑥 들어와 놀라서 눈을 뜨니 온데간데없었다. 내가 놀라서 법당으로 들어가니 우리 절의 좌측 상단의 관세음보살님의 형상과 똑같아서 알 수 없는 신비감을 느끼기도 하였다.

1998년 기통 이후 꾸준한 수행 속에 같이 수행하는 회원들도 생겨나기도 했으며 한편으로 수련 중 질병이 없어졌다는 사람들의 이야기도 끊임이 없었다. 또 한편으로는 수행이라고 볼 수는 없으나, 나와 만난 인연으로 기의 전이로 인한 치유가 된 사람들도 많았다.

나는 기통 이후에 말로 표현코자 하면 어긋나는 편안함을 얻었으며 한 생각을 일으키면 사물에 대한 관찰력도 예전과는 많이 달라져 있음을 느끼곤 했다. 무엇이 도라고 정의를 내릴 수는 없으나 도를 이야기하는 사람들의 모습은 대개 기색이 맑으며 그 말이 순하고 그 행이 상대를 편하게 하고 행주좌와 어묵동정에 고요할 때나 활발할 때나 절도가 있음을 볼 수가 있다.

나와 인연된 사람들 중에 이와 같은 분이라고 보이는 분과 더불어 서로 기를 교감하였을 때 그 기운은 크고 빠르게 드러나 단박에 기통을 받고 자기 것으로 하는 것을 보았다.

뿐만 아니라 기통으로 인하여 지난날의 쌓아 올려놓았던 공부가 눈앞에 드러나 어지러움을 쉬는 듯하고 빛이 있어 어둠이 나타나고 빛으로 경계를 삼아 삼라만상의 조화가 생겨나듯 홀연히 깨쳐 보니 한 생각에 집착을 두어서 온갖 분별과 경계를 자신의 세계로 삼아서 욕락의 늪에 떨어져 집착을 끊지 못함이 곧 업이라는 행위이며 이를 윤회의 근원으로 삼는 것을 안 것이다.

깨달은 마음에 아픔이 있을 수 없다. 아픔을 아픔이라고 하면 아픔에 걸려서 깨달은 마음이라고 할 수가 없는 것이다. 봄 중에도 꽃샘추위가 찾아오듯이 질병과 고통이 찾아옴은 나의 현혹되고 미혹된 생각을 바로잡아 주기 위한 대자연의 가르침으로 볼 수가 있으면 고통은 곧 참회의 근원이요 훗날 뒷사람을 바로잡아 줄 수 있는 모범의 기회를 얻는 것이니 곧 편안함으로 돌아온 것이다. 중생과 부처는 둘이 아니며 미혹과 깨달음에 두 마음이 있는 것이 아니며 나와 내 주변은 떨어질 수 없는 한 이웃이요, 한 겨레인 것이다.

대개 이와 같은 분명한 생각을 일으키지 못하고 살아가는 데서 자연과 하나가 될 수 있는 지혜의 눈을 놓치니 그것은 곧 자연과 내가 하나가 되어 나아가는 진실함을 얻지 못함이니 빛의 세계를 크게 일으켜서 우주의 가득한 기운을 다 모으지 못하고 받아들이지 못하며 이는 곧 쇠약함과 질병으로 나타나는 것이니 이를 바로 잡으려고 한다면 기통을 하는 것이 무엇보다 첫째 가는 근원이요, 약이나 요법은 차선책인 것이다.

만약에 오장의 기운이 떨어지고 마침내 질병으로 드러나 그 치유가 필요하다면 기통함의 전위가 곧 자발공을 일으키고 우주에 충만해 있는 기운을 크게 받아들이고 말로써 다할 수 없고 생각으로 헤아릴 수 없는 곳까지 우주의 기는 찾아 들어가서 그 기운을 증장시키고 질병을 치유할 것이다. 또한 정신이 불안하고 신경에 떨림이 있다면 이도 또한 기력이 부족해서 온 것이니 기가 충만하도록 하여서 이를 편안케 하는 것이니 충만함은 곧 원융함이니 원융함에 불안과 떨림이 있을 수 없는 것을 알게 하는 것이다.

만법이 마음으로부터 생겨났으니 마음 밖에 따로 법이 없나니 기통이란 오직 마음속의 깨달음인 것이다. 온갖 질병도 마음속의 진흙물이니 맑은 청수와 같은 마음으로 돌아오면 우주의 빛이며 제불성현의 가르침인 진리의 그늘에서 쉬게 될 것이다.

滿月堂

복록이 만든 박하 향

어느 때 대구 불교문화원에서 기체험 시연을 부탁하였다.

그때 20여 명의 대중이 함께한 가운데 어느 보살님에게 10분간 기를 받게 하자 그 순간 몸에서 박하 향이 흘러나왔으며 대중이 모두 느꼈다. 말했다.

"몸에서 박하 향이 나는 사람의 복은 수승하다. 대구 같은 시골에 산다면 5층 건물 정도는 소유하여야 하며 부부간에 화목할 것이며 자손이 있다면 비명횡사 등의 흉사가 없이 클 것인데 과연 그러한지 대중 앞에 이야기해 보십시오."

답했다.

"네~ 말씀 드리겠습니다. 저희는 대구에서 5층 건물을 소유하고 있으며 아래층은 세를 주고 옥상건물에서 살고 있으며 결혼 이후 한 번도 부부간에 큰 소리를 내거나 다툰 적이 없으며 아이들은 저절로 잘 크더니 지금은 외국에 유학을 갔으나 모두 자기가 벌어서 학비를 조달하며 열심히 살아가고 있습니다."

대중에게 말했다.

"대저 몸에서 박하 향이 나는 것을 내가 아니었으면 알 수 없었으며 박하 향이 나는 것은 몸 속의 흐르는 피가 맑고 맑기 때문이며 피가 맑은 것은 선업의 인연이 많기 때문이며 선업의 인연은 복록을 일으키기 때문이며 복록 있는 자는 나보다는 남을 먼저 생각하는 씨앗을 키우기 때문이며 남을 먼저 생각하는 이 생각은 자기를 낮추는 겸손을 일으키는 것이며 겸손을 일으키는 이 생각은 진리를 듣고 긍정하는 힘을 일으키는 것이며 그 긍정적 생각의 힘은 믿음을 크게 일으키는 것이며 믿음이 크고 깊으면 마음바탕이 깨끗하고 순일해지는 것이며 깨끗하고 순일한 마음이 올바른 생각을 일으키게 하고 올바른 생각은 신경이 춤을 추게 하며 신경이 춤을 추면 오장과 육부가 이를 따라 즐겁게 활동하며 근육과 근골이 따라서 춤을 추니 피가 용솟음치며 힘차게 돌게 되는 것이니 마침내 박하 향이 나는 것이다. 이는 다겁생래로 차츰차츰 지어온 것이니 하루 이틀만에 생겨난 복록이라 할 수 없는 것이다."

滿月堂

불가사의

중생의 고통은 나의 고통이다. 상대의 고통은 곧 나의 고통이다. 20년간 기체험 속에 하루도 고름이 터지지 않은 날은 없다. 그러나 내가 고통 받지 않고는 상대의 탁기를 제거하고 정화시킬 방도는 없다는 것을 안다.

滿月堂

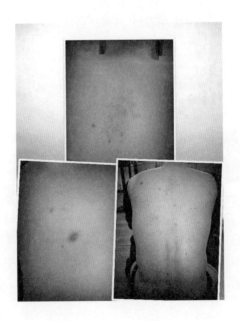

자발공自發功을 하다

　십 년 전 직지사 선원에서 상담이 들어왔다. 당시 선원장의 위치에 있던 스님께서 상좌가 허리가 아프다는 핑계로 좌선을 게을리 한다면서 핑계거리가 없도록 허리를 고쳐 주었으면 하였다.

　"스님의 상좌이시니 스님께서 직접 고치도록 하시지요."

　그래서 큰스님은 서고 상좌는 대중과 더불어 앉아 계셨다. 내가 큰스님을 향해서 기를 보내니 스님은 서서히 자발공을 일으켰다. 소림무술과 같은 동작과 가공할 만한 기합소리가 흘러 나왔다. 그 순간 갑자기 상좌를 번쩍 들어 안으면서 한쪽 무릎을 굽힌 자세를 취하며 상좌의 허리를 정확히 교정하였다. 그리고 그것으로 끝나며 자발공은 풀어졌다.

　큰스님께서 평소에 기합을 쓰지 않았고 조용하고 잔잔한 목소리였는데 어떻게 산이 울리는 기합소리를 낼 수 있는 것인가. 금생에 운동하지 않았는데 어떻게 소림무술을 정확히 구사하는 것인가. 척추교정학을 이수한 적이 없는데 어떻게 정확히 허리 교정을 할 수 있는 것인가.

　나는 이렇게 생각하였다. 이 몸 구석구석 살점마다 무량겁의 업이 녹아 있는 것이다. 하지 않았던 것은 할 수 없다. 전생으로부터 다하여 왔던 것이다. 그러나 이런 전생을 알 길이 없건만 나로 인하여 알 수 있게 되고 증명하게 된다. 큰스님의 말씀이다.

"만월당을 보면 마치 산왕대신을 대하는 듯하다."

滿月堂

만월당滿月堂의 기체험

산승은 지난 일을 떠올리나이다. 많은 사람들이 자발공으로 몸의 기혈이 열리고 기감이 생기고 있을 때에 서울에서 신농 한의원을 운영하는 원장님은 이러한 고통을 이야기하였습니다.

"스님~ 고객은 저의 침술에 효과를 보지만 진작 제 자신은 제 몸에 침을 찌르고자 할 때 근육이 단단하여 침이 들어가지 않습니다. 뿐만 아니라 회원들은 기감이 빠른데 저는 기를 느낄 수가 없습니다."

그래서 몸을 점검하니 사대와 골반이 모두 굳어 있었습니다. 오랜 세월 굳어있는 몸이라서 달리 방도가 없는지라 몸의 가장 중심인 하단전 복부 위에 걸터앉고 기의 흐름이 빠르게 작용하도록 테이핑 요법을 응용하기로 하였습니다.

한 시간이 흘렀습니다. 산승의 기운은 원장의 이마에서 땀으로 나오며 온몸은 물에 젖은 듯 땀범벅이었습니다. 원장은 죽어라고 고함으로써 고통을 하소연하였고 처음에는 아들, 딸 이름을 부르더니 부인의 이름도 부르고 마침내 조상님을 찾고 울부짖듯 몸부림쳤습니다.

기체험이 끝나고 잠시 숨을 고르고 정신을 차렸을 때 대중들이 보니 원장의 얼굴은 황금색으로 맑고 맑게 빛났습니다. 며칠이 지나고 수련일에 다시 참석하여서 원장이 말했습니다.

"스님~ 며칠 사이 순식간에 살이 빠져 버리고 피부는 부드러워지고 마침내 제 몸에도 침을 꽂을 수 있게 되었습니다. 참으로 기쁩니다."

그 이후로 수많은 사람이 이와 같은 기체험을 하였는데 이렇게 말했습니다.

"스님~ 1시간은 대장부가 아니면 받을 수가 없습니다. 앞으로는 40분으로 줄여주십시오."

그렇게 해서 기체험은 40분이 되었고 이후에 수많은 대중들의 공통된 의견이 다시 전달되었습니다.

"스님~ 40분은 죽을 지경입니다. 천천히 가도 좋으니 30분으로 줄여주십시오."

그렇게 해서 기체험은 30분이 되었습니다. 그로부터 일본으로 건너가서 특히 동경과 오사카, 홋카이도와 큐슈 등지에서 활동을 시작하니 일본인들이 말했습니다.

"스님~ 30분은 너무 무섭습니다. 우리들은 천천히, 천천히 가도 좋으니 20분으로 줄여주시기 바랍니다."

그렇게 해서 20분의 기체험이 일본 열도를 놀라게 하였습니다. 산승은 작은 고추가 맵다는 속담대로 웰빙 문화가 앞서가는 일본에서 한국인의 저력을 보이고 돌아왔습니다.

그리고 한국에서 기체험을 시작하였습니다. 다시 대중들이 말하였습니다.

"스님~ 20분의 기체험은 너무 무섭습니다. 지구에 눌린 듯하고 태산에 깔린 듯하고 너무나 힘이 듭니다. 앞으로는 10분으로 줄여주시기 바랍니다."

수많은 보살님들도 말하였습니다.

"스님~ 아이 열 명을 낳을 수는 있어도 스님의 기체험은 너무 무섭습니다. 천천히, 천천히 가야 스님을 더욱 오래 볼 수 있으니 앞으로는 5분으로 줄여주시기 바랍니다."

산승은 이렇게 말하였습니다.

"기체험을 때려치우고 말지, 내사 5분짜리는 못하겠다."

이렇게 해서 기체험은 10분으로 회통하게 되었던 것입니다.

어느 때에 진주 사천 공군 소령 일행들이 중령의 인솔하에 산승을 찾고 10분간 기체험을 한 적이 있었습니다. 그때에 한쪽 구석에서 일행들이 잠시 수군거리는 소리를 듣게 되었습니다.

"와~~! 죽을 뻔했다. 군인 정신으로 간신히 참았네~"

滿月堂

엎드린 채로

고요히 엎드린 채 들숨과 날숨을 하여 보면 몸과 신경과 근골조직들, 그리고 이루 말할 수 없는 팔만 사천 혈맥들의 속삭임을 듣는다.

고요하라, 고요하라.

滿月堂

불통不通

어느 날 어느 시에 홀연히 천기를 통하고 하늘로부터 가르침을 전수 받으니 가르침이 특별한 데 있지 않음을 깨닫게 하였다. 그것은 바른 마음을 쓰고 바른 행동으로 살아간다면 곧 이 몸이 온 곳을 알고 이 몸이 갈 곳을 알아서 마침내 무념無念의 경지에서 무상無常을 증득하고 무생無生의 즐거움을 누리리라. 산승이 천기를 전수하면서 산승의 기를 받고 홀연히 기를 통한 자가 부지기수이며 홀연히 질병에서 벗어난 자가 셀 수 없도다. 그러나 강산이 두 번이나 바뀌는 동안에도 산승의 기를 받지 못하는 자가 두 번이나 있었다. 들어보라!

하루는 나의 어머니가 말했다.

"아들 스님아. 모든 사람들이 기를 받고 병이 낫는데 나에게는 왜 기를 주지 않느냐."

"그러면은 어머니도 받아 보세요."

하여 기를 받고 있던 중 채 1분도 되지 않아서 벌떡 일어나 앉으며 큰 소리로 말했다.

"잘못했습니다."

그 이유를 물으니, 찰나지간에 조모님 두 분이 나타나서 "네 이 년! 감히 스님의 기를 훔치느냐! 내 손주 명 짧아진다!" 하시면서 뺨을 힘껏 때리는데 아직도 얼얼하다 하였습니다. 산승은 이 이야 기를 들으면서 한번 미소 짓고 큰 소리로 웃으면서 말했습니다.

"거~ 참. 두 조모님이 잘 아신다. 나를 낳아 준 공덕만으로도 극락에 가고 연화대의 장엄자리가 준비되었건만 모친의 어리석음 을 두 조모님이 깨우쳐 주신다."

이후에 나의 어머니는 혼비백산하여 다시는 기를 받지 않고 염 불정진에 신명을 바치더니 마침내 극락왕생 하였습니다.

하루는 한 여인이 기를 받고자 찾아왔는데 산승의 기를 받아들 이기 채 1분도 되지 않아서 큰 소리로 외쳤습니다.

"일어나라. 기 안 받는다. 씨팔 놈아 내려 와."

독사처럼 울부짖으니 산승은 즉시 멈추었습니다. 그때에 이 여 인은 두려움에 벌벌 떨며 말했습니다.

"스님의 기를 받자마자 두 저승사자가 나타나서 '이 년! 가자!' 하고 두 눈을 부릅뜨고 힘껏 보살의 멱살을 붙잡고 끌어당기니 혼 비백산하였던 것입니다." 하더니 곧 산승의 눈빛도 제대로 볼 수 가 없다 하였습니다. 산승은 물었습니다.

"그대는 무엇으로 생업을 삼는가."

"네, 사채업을 합니다."

보라. 산승의 불가사의한 기체험을. 바른 마음, 바른 행동을 자 신의 원력으로 삼는 자가 산승의 천기를 받을 수 있음을 증명하고 있지 않은가.

　대저 돈놀이가 무엇인가. 돈 앞에는 부모 형제도 없고 돈 앞에
는 사돈도 팔촌도 없다. 저 마당에 화합하고 잘 놀고 있는 개의 무
리들에게 고기 한 점을 던져 보아라. 순식간에 아수라장으로 변할
것이다. 그렇게 잘하기가 쉽지 않은 것이 돈놀이이니 잘못하면 남
의 피를 빨아먹고 산다는 소리를 듣는 것이다.

　滿月堂

고요

반듯이 눕는 순간부터 고요해진다. 일체의 움직임이 없이 숨질에 따라서 일어나는 기운으로 명치로부터 꾸르륵, 몸 속 깊은 곳까지 꾸르륵 하는 소리가 사방에서 들리며 일어나 앉아 이 글을 쓰는 순간에도 온몸에서 꾸르륵 하고 뚫리는 소리가 들린다.

고요히 호흡하고 있으면 기가 엄습하면서 온몸과 양팔과 양손, 양발과 양다리 그리고 가슴과 복부가 굳어들어간다. 이것을 기 깁스라고 한다. 한 치도 움직일 수 없이 굳고 조여 들어 간다.

한편으로는 문득 코를 골고 자고 있음을 선연히 알아차린다. '카~톡' 하는 메시지 소리도 들려온다. 몸이 충만함을 느끼면서 2시간 정도 푹 잔 느낌에 일어나니 정확히 21분이었다.

개운하다. 공복감도 없어졌다. 초보자가 호흡을 시도해 볼 때 산승이 쓴 글을 참고한다면 수십 번, 수백 번 읽어 보아야 한다.

와선으로 자기 호흡이 충만하였을 때는 누워있는 상태에서 머리 뒤 꼭지 후두골 부분이 문득 못에 찔린 것과 같은 통증이 온다. 그 통증은 견디기 힘들 정도의 통증이다. 이 상태가 기가 충만해진 표적을 준 모습이다. 그때에 미리 부탁해 놓은 측근의 지인으로부터 머리를 들어보라고 한다. 살짝 드는 듯 무게감을 느껴 보면 남산 바위보다도 무거워서 머리를 들 수 없음을 알 수 있다. 무리하게 억지로 들어서는 안 된다. 또 두 사람이나 세 사람 정도가 팔과 다리를 들어보면 근근이 들 수는 있으나 등은 바닥에서 떨어지지 않는 무게감을 선연히 느낄 수가 있다. 움직일 때에 기는 가벼움과 밝은 기색으로 드러나지만 고요할 땐 우주 그대로이다.

호흡은 자기 것이 되도록 노력하여야 한다. 자기 것이 되면 일상의 어느 곳에 처하든 방정한 자세만 유지해도 기혈 순환이 잘 되는 것이다.

맑은 공기와 호흡과 바른 생각이 삼위일체가 되어야 한다. 또한 물을 자주 마시는 것이 좋다. 한 되의 물을 단숨에 마셨을 때 배에서 물이 차서 흔들리는 물소리가 없어야 한다. 꾸준히 마시면서 이 사람이 물과 몸을 하나로 하고자 한다는 것을 몸이 알도록 노력해야 한다.

그래서 물을 한 되 마시고도 물배가 차지 않는 것은 몸이 신속히 물을 흡수한 것이다. 오줌을 눌 때 노란색이 나오면 반성해야 한다. 즉시 물을 마셔주면 2시간 뒤 다시 오줌이 깨끗해진다. 오줌이 깨끗해야 피가 맑은 증거이고 피가 맑아야 기가 몸속에 생겨난다. 기가 돌기 시작하면 오장이 본래로 돌아가지 않겠는가.

그 외에도 기도생활이나 음식조절 등 관심을 두어야 할 일이 많을 것이나 산승이 다 알지 못하므로 적지 아니한다.

滿月堂

법운지 法雲地

법운지 보살이 10분 동
안 기를 받은 후 자발공
을 일으켰는데 그 형세가
볼만하였다.

복부의 엄청난 진동과
손으로 표현하는 다양한
수인들과 엄청난 에너지

가 실린 회전 구심력을 보였다.

법운지 보살은 법당에 정좌하고 언제나 경을 즐겨 보고 생각하
고 한문은 일일이 쓰면서 외우기도 한다. 그때에 펜을 잡은 손가
락 끝으로 홀연히 우주의 기가 들어온다고 한다.

기가 들어 올 때는 '찌릿~' 하거나 바늘에 찔리듯 '쿡~' 하는 느
낌, 밀가루 반죽 부수듯 강력한 에너지가 자석과 같은 끌림을 안
고 순간 찰나지간에 기 바람으로 바람처럼 들어온다. 시시각각 법
운지 보살은 이와 같은 기 바람을 만나고 있는 것이다.

산승도 시시각각 기 에너지의 흐름과 진동을 안고 살아가지

만 나의 기를 받은 회원들에게서 들을 수 없는 특별한 경험들이 많다.

어느 때는 나무를 한 짐 하고 지게로 지고 내려오는데 절 문 안에 들어가기 전 잠시 쉬어야 했다. 돌 틈을 의지해서 잠시 한숨을 돌리는 순간 갑자기 엄청난 에너지의 기가 오른손 장심으로 비 오듯이 빨려 들어오는 것을 지켜보았다. 찰나에 일어난 일이었는데 신기하다 생각하였다. 그런데 이 찰나간에 일어난 일로 살피니 갑자기 원기회복 되어서 지게를 진 피로감이 순식간에 없어진 것이다.

그때에 충만함이란! 기운이 나간 만큼 기운은 들어온다 함을 알았고 이것이 곧 소우주와 대우주가 언제나 하나로 통한다 함을 깨닫게 된 것이다. 산승과 접촉한 모든 회원은 기를 받는다. 피가 탁한 사람은 피가 맑아지기 시작하고 오장과 근육의 이완작용에 부드러움이 생기고 그 부드러움의 작용이 자신의 호흡과 늘 함께하면서 필요 없는 군더더기 살은 순식간에 빠지고 만다.

30년 혹은 40년 기도하여도 기감을 느끼지 못하는 불자더라도 일단 산승과 한 번 접촉하여서 기를 받아들이면 순식간에 바로 이것이 우주의 이끌림, 기氣라는 것이구나 하고 체감하게 되고 비로소 30년 혹은 40년 기도가 공덕으로 드러나는 것을 깨닫게 된다.

어찌 산승을 찾아서 기를 받지 않겠는가.

滿月堂

물구나무

오후 두 시경 운동하기 전에 물구나무서기부터 10분 한다. 끝나면 이마에는 땀 한 방울 맺히지 않으나 양손은 축축이 젖고 발은 양말이 젖어 버린다. 처음 물구나무서기 할 때는 10분이 힘들었다.

턱이 무너지는 것 같고 신경은 마비가 오듯 고통이 오며 허리는 끊어질 것 같고 숨은 고르게 쉬지 못했다. 차츰차츰 하다 보니 나의 약한 부분을 괴롭히던 턱의 무너지듯 하던 고통은 없어지고 신경이 마비되듯 하던 고통도 사라졌다. 허리의 통증도 없어지고 숨길이 힘든 고통도 사라졌다. 어찌 변하였는가.

물구나무선 채로 나의 몸이 새근새근 자는 소리를 내가 들을 수 있게 되었다. 숨질은 깊어지고 단전호흡을 넘어서 온몸으로 들숨과 날숨을 하고 있으며 살과 피와 근육과 골수가 함께 숨 쉬는 것을 느낄 수 있게 되었다.

비로소 오롯한 생각이 밝음과 빛을 드러내고 마음은 편안한 경지에 들어서서 사념에 잠긴다. 나는 누구인가를 관찰하게 된다.

처음부터 그러지는 않았다. 꾸준히 하였기 때문이다. 숨질은 중요하다. 들숨과 날숨이 순조로울 때 생기가 있고 들숨과 날숨이 조화를 잃으면 질병과 죽음이 따른다.

滿月堂

명상

고요함에 마음을 두면 주변이 고요해진다. 때에 큰 대자로 누워서 천리만리 낭떠러지 떨어지듯 온몸에 힘을 뺀다. 그리고 눈을 감고 마음의 눈으로 천지 우주공간을 바라본다. 들이쉬는 숨은 편하게 하며 내쉬는 숨은 가늘고 길게 함에 정성을 기울인다.

한 생각은 우주 공간을 의지하며 한 생각은 들숨과 날숨을 관찰하며 한 생각은 쉼 없이 나타나는 생각들을 생각한다. 들숨과 날숨 그리고 생각을 놓칠 때에 나는 내가 누구인지 모른다.

그때에 나는 생시와 같은 꿈길을 걷는다. 읍내 저자 거리를 걷고 있다. 안개는 자욱하고 거리는 희미하게 보이는데 밝은 허공을 보았다. 머리 위에 사람이 걸어 다니는데 키는 전봇대보다 조금 더 길었으며 의복은 한복 의상이며 신발은 옛날 관리들이 신던 모양이며 크기는 내 몸의 반 정도였다. 이루 말할 수 없는 사람들이 땅을 의지하지 않고 허공을 한가롭게 오고 가고 있었다. 또 한편에는 가마를 탔는데 가마를 메고 가는 사람도 있었다.

또 한편에는 이쪽저쪽에 큰 새 한 마리가 있는데 몸 자체가 푸른빛 광명으로 싸여 있어서 찬란히 빛나고 있었다. 이 장엄한 광경을 보면서 하늘세계, 하늘사람이 있다는 것을 알게 되었다. 홀연히 눈을 뜨니 몸은 스스로 들숨과 날숨을 고요히 일으키고 있었다. 단전의 미동은 없었으며 몸 속 깊은 곳 어디에선가 들숨과 날숨을 유지하고 이끌어 가고 있음을 관찰할 수 있었다.

다시 눈을 감고 미간 백호 사이로 수많은 빛 물결이 은하수를 펼침을 지켜보았다. 양손은 기의 물질이 진흙처럼 붙어서 춤을 추며 온몸에서는 꾸르륵 하고 기맥이 뚫리고 열리는 소리가 끝없이 들려왔다.

滿月堂

빛 에너지

호흡의 들숨, 날숨 그리고 빛 에너지는 위대한 깨달음의 명상과 명상의 세계를 드러내고 이는 우주의 성주괴공하는 모습과 다름이 없는 것이다. 그래서 소우주인 것이다.

자연에는 질서가 있고 생각에는 바름이 있는 것이다. 순행에는 질서가 어긋남이 없듯이 바름에는 삿됨이 없는 것이다. 삿됨이 없는 그 속에 들어가면 분별과 망상이 없음을 보게 되면서 집착의 허망함이 몸을 만들고 몸이 탐진치를 구하게 되는 것이다.

이로써 우주의 빛 에너지를 보고 느끼고 깨달으면서 몸과 탐진치의 이끌음의 의식이 본래의 나의 모습이 아님을 서서히 알게 되고 깨닫게 되는 것이다. 비로소 깨달음의 본질을 깨달아 가면서 탐진치의 세계에 의존하는 의식의 정화로 말미암아 분별을 여읜 밝은 생각으로 사물을 있는 그대로 볼 수 있는 힘을 얻어 가는 것이니 비로소 생사에 집착하지 않고 생사에 순응하게 되는 것이다. 생사에 순응하는 밝은 마음이 바름이니 바름으로써 생사를 여읜 불, 보살의 세계만을 구하는 것이며 불, 보살의 세계는 분별이 없음도 없어야 한다는 생각도 없음을 정토로 여기며 도인의 마음으

로 여기며 바름으로 세상을 바라보고 세월을 이기며 남의 이목이
나 명예 따위에 연연치 아니하고 묵묵히 무소의 뿔처럼 살아가는
것을 출세간에 얽매이지 않는 수행자의 삶이라고 하는 것이다.

滿月堂

와선臥禪을 말한다

약간 쌀쌀한 기온에 가벼운 이불을 덮고 큰 대자로 누워서 지그시 눈을 감고 들숨과 날숨을 일으켜 본다. 정신을 집중하고 호흡 가운데 저 머나먼 우주공간을 바라본다. 그러나 양손과 양발을 덮은 이불은 들숨과 날숨 속에 찾아드는 기운과 기감을 느낌에 심심한 방해를 일으키고 집중력을 떨어뜨린다.

시간은 오후 1시, 아직 춥지는 않는 양기로운 시간대다. 이불을 벗겨야 한다. 이불을 정돈하고 의연히 큰 대자로 다시 눕는다. 사대는 천 길 낭떠러지 떨어지듯 힘을 빼고 양손은 힘을 주지 않고 편 채로 살며시 바닥에 놓는다. 오직 들숨과 날숨! 그리고 마음의 눈으로 저 끝없는 허공을 다시 바라본다.

온몸으로 저 하단 용천으로부터 숨을 끌어올릴 때 아랫배는 힘차게 불러 온다. 그리고 지극히 엄숙하고 지극히 고요한 마음으로 날숨을 가늘고 길게 토하기 시작한다. 끊임없는 도전! 한 맺힌 원력으로 호흡을 깊이 끌어올린다.

이 세상에서 가장 힘든 일은 호흡이다. 이 세상에서 가장 힘든 것은 영생불멸이다. 호흡의 득력은 곧 영생이고 불멸이다. 들숨과 날숨의 노력으로 서서히 기가 엄습한다. 기가 들어오기 시작하자 들숨을 끌어올리던 복부의 들고남이 사라지고 몸속 깊은 곳 어딘가에서 고요히 숨질을 일으키며 주변공간의 기 기운을 끌어당기기 시작한다. 모세 영화에 나오던 기 기둥과 기 기운이 숲 속의 불길처럼 몸을 엄습하며 곳곳으로 들어가기 시작한다.

그 순간 몸이 '큭' 하는 소리를 내며 자고자 한다. 들어온 기운이 몸부터 재우기 시작한 것이다. 무슨 일이 생기는가. 오른쪽 가슴 밑 부분을 철판같은 기운이 밀어 올리기 시작하니 갑자기 '꾹~꾸르륵' 하는 소리를 낸다. 또 하나의 기운이 찌르듯이 양 허벅지를 파고 들어오니 그곳에도 꾸르륵 하는 소리가 울린다. 몸을 조이고 풀기를 반복하더니 명치와 가슴 곳곳에서 '꾹~꾸르륵' 소리를 내기 시작한다. 기운이 바람처럼 다리를 지나고 가슴까지 올라오자 이번에는 등줄기를 타고 기운이 내려가기 시작한다. 그 순간 척추의 선골까지 강력한 기운이 뻗자 척추와 횡격막 곳곳이 '꾸욱' 하며 뚫리는 소리를 내기 시작한다. 몸은 세 살 먹은 아이처럼 새록새록 자고 가끔은 한숨을 쉬기도 한다. 눈을 감고 있으나 푸른 불기둥이 천지를 덮고 있음을 지켜본다. 정신은 잠이 없다. 자는 이 몸을 언제까지 지켜보아야 하는가. 아~ 힘들다. 끊임없이 몸과 우주를 지켜보면서 흘러가는 망상에도 시달려야 한다. 삶도 없고 죽음도 없는 정신은 중생의 몸과 중생의 망상에 의지해서 한 몸 하나 되기가 고단하다. 언제까지 몸을 재울 수는 없다. 이제는 일어나야 한다. 서서히 눈을 뜨고 일어나니 기운이 지나간 양손은 비 오듯이 땀이 빠지며 축축이 젖는다.

찻상으로 자리를 옮기니 기침이 끝없이 나면서 중단전을 막고 있던 탁기들을 토한다. 등으로부터 저 밑 엉치뼈 선골까지 다시 '꾸욱' 하면서 기운이 밀고 내려간다. 곧 소식이 있어서 화장실을 찾으니 설사가 시원하게 빠지면서 갑자기 눈이 밝아진다. 다시 찻상으로 앉으니 이번에는 콧물이 비 오듯 빠진다. 여기까지다. 오늘 와선은 성공한 것이다. 침이나 뜸으로 뚫을 수 있었을까! 물이나 보이차로 몸을 바로잡을 수 있었을까.

그렇지 않다. 호흡은 위대한 것이다. 곧 영생이며 곧 우주며 곧 깨어있음이며 대자연이다.

滿月堂

명상과 호흡

고요한 시간에 숨질을 따라 기운이 드러남을 느낀다. 움직이는 시간에 기운이 나를 떠받드는 것을 느낀다. 나는 큰 대 자 모양으로 눕고 눈을 감으며 천 길 낭떠러지 떨어지듯 온몸의 힘을 뺀다. 그리고 마음의 눈으로 저 멀리 우주공간을 바라본다.

고요하고 고요한 생각으로 온몸으로 숨을 끌어올리며 때로는 하단에서 들숨을 끌어올린다. 정성스럽고도 엄숙한 마음으로 날숨을 온몸으로 토하고 또 토한다.

한 생각은 우주를 관하며 한 생각은 들숨을 관하며 한 생각은 날숨을 관하며 한 생각은 들숨과 날숨의 조화로 드러나는 몸을 관한다. 서서히 온몸은 기운으로 싸여지고 기운은 온몸으로 흐르며 흐르는 기운은 다시 커지며 그 커짐은 다시 온몸을 엄습한다.

사대는 손가락 하나도 움직일 수 없게 되고 태산처럼 바다처럼 움직임과 느낌의 감각은 소멸되고 몸이 없는 자리로 들어가게 된다. 거듭된 호흡을 관하는 한 생각은 더욱 또렷해지고 우주공간에서 한 줄기 푸른빛이 찾아들기 시작한다. 그 빛을 따라가면 무한한 허공계를 보게 되며 허공계는 다시 빛의 변화를 보여주며 빛은 다시 청황적백흑색을 보여주기를 반복하며 나는 빛을 관하는 나를 본다.

나는 누구인가! 나의 사대는 지금 어디에 있는가! 나는 시간 속에 있는가! 나는 공간 속에 있는가!

끊임없이 일어나는 오롯한 한 생각의 의심 속에 분별망상이 없는 그 자리를 발견하게 된다. 문득 눈을 뜨면 사대는 기운으로 뜨겁고 뜨거운 기운은 온몸을 돌면서 회오리치기도 하며 죄기도 하며 풀기도 하기를 거듭 반복하는 것을 관하면서 한편으로는 몸이 한없이 편안한 듯 코를 골며 자고 있는 숨소리를 듣는다.

지금 나의 몸은 누워있는가! 나의 손 모양은 어떻게 되었을까! 폈는지 오그렸는지 나는 보지 못하므로 알지 못한다. 드디어 들숨에 얽매이지 않고 날숨에도 얽매이지 않고 그저 숨을 쉴 뿐 호흡의 정성스러운 노력에서 벗어날 수 있게 되었다.

이제 기운이 나를 이끌고 기운이 나를 숨 쉬게 하니 평범한 한 생각과 자연스럽고 편한 호흡으로 다만 관찰하고 지켜보기만 한다. 다시 눈을 감으면 빛은 오지 않고 우주법계의 질서의 법칙으로 존재하는 온갖 형상의 미립자를 보게 되니 그 형상의 아름다움은 말로써는 다 형용할 수가 없다. 홀연히 천지허공이 칠흑 같음을 보이니 천지허공의 모양과 형상이 본래 칠흑 같으며 칠흑 같음이 본래 빈자리이며 본래 공한 자리임을 알게 한다.

한 생각의 뿌리가 본래 없는 자리이며 칠흑 같음이니 분별 망상이 빛의 변화와 다름없어서 본래 없는 자리에서 왔음을 알게 한다. 처음에는 빛을 보았으나 이내 우주허공의 말할 수 없는 영롱한 미립자를 보더니 끝내는 허공계의 칠흑 같음을 본 것이다.

보는 자가 있고 보는 생각이 있어서 칠흑 같음을 보는 것이니 칠흑 같음은 보는 자에게 보인 모습이다. 그러므로 한 생각이 일어나기 전에는 칠흑 같음도 없고 영롱한 미립자도 없고 빛도 없고 몸도 없고 들숨도 없고 날숨도 없는 것이다. 이른바 텅 빈 자리일 뿐이니 빈자리에 탐욕도 없고 성냄도 없고 어리석음도 없는 것이다.

본래 한 법도 없음을 아는 그 생각은 다시없음의 세계를 지어서 없음의 세계가 미묘하여 마침내 온갖 성현의 모습과 형상과 소리와 법음을 듣게 하고 보게 하고 느끼게 하고 깨닫게 하니 이른바 영산회상을 만난 것이다. 이것을 이름하여 부처님의 가피력을 입었다 하며 시방 세계가 둥글며 처음과 시작이 없음을 과거가 없고 현재가 없고 미래가 없으니 모든 성현이 알고 내가 알게 되는 것이다.

홀연히 눈을 뜨고 기운에서 벗어나려는 한 생각은 살과 피와 뼈마디와 골수 골수에 기가 스며드는 것을 알게 한다. 이때 각 챠크라의 자리는 폭포에서 흐르는 물소리처럼 끊임없이 '꾸르륵' 하는 소리를 내서 물질이나 도구에 얽매이지 않고도 오직 호흡으로 몸은 얼마든지 다스려짐을 알게 한다.

그리고 평상심으로 돌아온다. 하지만 몸은 가벼워지고 마음자리는 여유로워진다.

滿月堂

한 찰나일지라도

　정신이 흐트러지면 기운은 모이지 않으며 사욕을 따르면 고요함을 놓치는 것이니 고르지 못한 짧은 숨에 들숨과 날숨은 참됨을 잃어서 오고 감에 순일하지 못하고 끊어지지 않는 망념과 어지러움은 온갖 질병과 온갖 장애를 부르나니 한 찰나일지라도 고요함을 생각할 순간은 혀는 입천장에 자연히 붙고 눈은 지그시 바라보지만 보이는 대상에 얽매이지 않으며 정신은 기운과 만나서 문득 밝음을 관하게 된다.

　밝음을 관하는 그 정신과 정신에 스며든 기운은 몸을 떠나지 아니하고 몸은 숨을 의지하여 기운을 불러들이며 기운은 진실한 숨을 독려하는 것이니 숨은 다시 밝은 한 생각과 계합하여서 진실함을 벗고 드넓은 공간과 하나 되는 들숨을 일으키며 들숨은 다시 지극한 정성을 내고 그 지극함은 천지의 기운이 변화를 나투듯 신경과 피와 골수가 온몸을 정화시키는 생기의 날숨을 도우니 날숨은 다시 들숨의 힘을 빌리며 들숨은 다시 날숨에서 대기운이 몸과 더불어 하나 되는 장엄의 꽃을 피우게 한다.

　앞생각에 얽매이지 않고 뒷생각에 망상을 흘려 보내니 그 순간 시비가 없고 분별망상이 들어서지 못하니 지극한 들숨에 지극한 날숨이 있어서 오고 감이 분명한 그 숨을 지켜보는 고요한 한 생각이 적적한 세계를 세우니 시작이 없고 끝이 없는 저 무량한 공간과 빛을 드러내도다.

滿月堂

잠깐이라도 숨을 살필 때
고요함을 본다

한 생각 뒤집어서 문득 고요를 떠올리면 숨을 살피게 된다. 들숨과 날숨은 조화를 쫓아가는 것이니 고요함은 정을 따르고 숨의 조화는 신을 바로 세우니 그 순간 기가 일어남을 아는 것은 정신기 합일이며 공간과 자신이 하나로 통하여서 소통하니 이때가 참다운 한숨을 얻은 것이며 곧 한숨은 몸 가운데 기가 일어나게 하는 것이다.

공간의 에너지는 보이지 않는 질서 가운데 생겨난 것으로 만상의 창궐함을 보이고 참다운 한숨을 통하여 생겨난 기운은 그대로 몸속에 생기를 돌게 하여서 피가 신속히 돌게 되니 곧 기혈이 왕성해진 것이다.

끝은 곧 새로운 시작의 근원이 되듯이 끊임없는 들숨과 날숨의 순환은 상생을 일으키고 남과 여가 천분을 맺으면 자손을 이어 가듯이 상생이 극에 다다르면 마침내 공간 에너지와 만나는 때를 얻고 기운은 아들과 딸처럼 이런 모양 저런 형상에 걸림 없이 만 가지 형상의 오묘한 모양과 세를 드러내면서 휘감거나 휘몰아치면서 신속하거나 혹은 찰나지간에 몸속으로 들어오게 된다.

그때에 눈을 지그시 뜨면 혹 한 점의 빛이 보이거나 여러 가지 모양이 구름같이 모이거나 흩어지거나 돌거나 하는 기의 물질을 선연히 지켜보게 된다. 그때에 눈을 지그시 감고 있음을 멈추지 아니하면 미간 백호로부터 저 멀리 끝을 알 수 없는 허공계가 드러나면서 혹 청황적백의 빛이거나 혹 우주 공간의 삼천 세계의 별빛들을 보면서 그 모양이 입자거나 미립자인 기운들이 온갖 형상의 미묘한 장엄의 빛으로 저 한량없는 공간 속으로 수놓으며 흩어지고 모이고 하는 것을 관할 수 있으며 그때에 문득 몸의 흐름을 관찰하면 곳곳에서 기맥이 뚫리면서 꾸르륵 소리를 짓는 것이 선연히 들리며 한편으로는 기운이 몸을 공간으로 솟구치게 하는 것을 알 수 있으니 곧 가벼워진 것을 아는 것이다.

몸이 무겁다는 것은 생각에 더딤이 있고 집착의 덩어리가 몸 속 곳곳의 신경을 짓누르며 자리를 뺏는 것이니 신경이 예민하게 되면 신경은 허하니 신경이 허하면 집중할 수 없고 집중할 수 없으면 고요할 수 없고 고요하지 못하면 관찰할 수 없으니 관찰하지 않는 그 자리에 뒤바뀐 생각의 망념이 큰 자리를 지으니 망념으로서는 밝을 수 없고 밝음이 없는 그 자리에 어리석음은 점점 큰 모양을 이루니 번뇌와 집착이 무거움인 것이다.

고요함을 취하고 그 가운데 숨을 돌이켜서 들숨과 날숨의 상생가운데 저 우주 공간과 하나 되는 기운이 나의 몸속에서 생겨나서가벼움을 취하고 집착과 번뇌로부터 멀어지니 신경은 더욱 편안

함을 얻고 편안한 그 가운데 마음은 밝음을 취하고 밝음은 어두움
에 물들지 않으니 탐욕과 어리석음에 의지함을 버리고 옛 조사 스
님들의 마음을 살펴 닮아가는 것이니 이로써 깨달음의 즐거움을
안고 인연 화합의 생멸인 무상함을 버리는 것이다.

滿月堂

숨息

　금일 산승이 말하고자 하는 것은 호흡입니다. 호흡이 참된 순간에 마음은 편안하고 생사를 관하는 힘이 생겨납니다. 편안한 마음에 객진 번뇌에 꺼들림이 줄어들고 생사를 관하는 힘이 생겨날 때에 무상을 깨닫고 집착의 끈은 서서히 녹아드는 것입니다.

　객진 번뇌에 꺼들림이 없으면 사물의 실체를 있는 그대로 볼 수가 있고 집착의 끈이 녹을 때에 그 여유로움이 찾아드는 것입니다. 호흡은 한숨이며 한숨은 들숨과 날숨입니다. 들숨과 날숨은 들고 남이니 곧 생사를 말함이며 한숨은 곧 생사를 다스림이며 호흡이란 곧 죽고 살고는 숨에 달렸다는 것입니다.

　우리가 가장 많은 시간을 수행의 장으로 쓸 수 있는 때는 바로 잠자는 시간입니다. 이 공간에서는 누구의 구속도 없으며 자기만의 세계가 열리는 것입니다. 잔다고 생각하지 마시고 지금부터 와선을 행한다고 생각하십시오. 온몸에 힘을 빼고 편안하게 누우십시오. 다리와 팔은 편안할 정도로 적당히 벌리도록 합니다. 눈을 지그시 감으시되, 마음으로 멀리 내다보십시오. 익숙하지 않으신 분은 약 30센티미터 정도까지 지그시 바라보도록 합니다. 그리고 천천히 들숨을 근기대로 끌어 올립니다. 끌어올린 들숨은 천천히 가늘고 길게 나가도록 합니다.

날숨이 아주 중요합니다. 가늘고 길게 오래되려면 참으로 진지해야 합니다. 한편으로 숨을 들이쉬고 숨을 내쉬되, 마음으로는 저 아득한 공간을 바라보십시오. 눈을 감으면 껌껌할 것입니다. 이것을 '하늘 천' '검을 현'이라고 하였습니다. 검게 보이는 그 공간이 곧 우주인 것입니다.

그곳은 생과 사가 없는 자리이며 적적 요요한 자리입니다. 이 공간을 바라보는 생각이 있습니다. 생각하게 하는 한 물건이 있습니다. 이를 주인공이라고 하였습니다. 주인공이 생각을 통하여 모양을 드러냅니다. 들이쉬는 숨과 가늘고 길게 나가는 날숨을 계속 일으켜 나가면 몸은 점점 고요한 경지로 들어가며 신경은 편안하여지고 오장의 기운은 서로 상생의 흐름으로 나아갑니다. 그때에 홀연히 몸이 코 고는 소리를 듣게 되면서 몸이 자고 있는 것을 알게 됩니다. 또 들숨과 날숨을 계속하는 중에 한 생각을 일으켜서 몸을 살피게 되면 온몸이 호흡에 반응하여서 미세한 작용들이 반복되고 있음을 알게 됩니다.

생각은 천 가지 만 가지가 있습니다. 흘러가는 생각도 있고 뽑아서 써야 할 생각도 있습니다. 흘러가는 생각이란 고요한 가운데 하늘의 은하수들과 같이 셀 수도 없는 생각들이 이 시간 이전의 업이란 행위에 의해서 지어져 온 장면들에 의한 생각들입니다. 뽑아서 써야 할 생각이란 지그시 우주 공간을 바라보며 들숨과 날숨을 정성스럽게 해 나가는 원력과 같은 생각이며 몸의 반응과 변화를 지켜보는 생각이며 문득문득 주마등처럼 스쳐가는 저 흐르는 생각들을 바라보며 이것이 객진으로 인한 번뇌의 생각임을 알아차리는 이 생각은 뽑아서 써야 하는 것입니다.

뽑아서 써야 할 생각과 흘러가는 생각들을 간추려서 정리된 생각이 바른 생각인 것이며 바른 생각이 오래오래 되면 이것이 정심이 바로 선 것이라서 정심이 바로 서면 점점 흘러가는 생각들은 저절로 줄어들고 정심이 오롯해지면서 한줄기 빛이 저 멀리서 다가오는 것을 알게 됩니다. 이때에 경계가 있음을 알게 됩니다. 본래 빛이란 없습니다. 본래 마음자리에는 분별이란 것이 없습니다.

삼천 대천세계가 드러나면서 북극성이란 빛을 바라볼 수 있고 수화풍水火風에 의지한 존재로 인하여 마음 가운데 일어난 한 생각에 의지해서 만 가지 생각의 싹이 돋아난 것입니다. 그 정성스러운 정심은 곧 빛으로 다가오는 것입니다. 시간과 공간이 없는 그 자리로 들어갈수록 빛의 세계는 더욱 또렷해지며 마음 가운데 옳은 생각도 잊어버리고 그릇된 생각도 잊은 그 자리로 들어가면 홀연히 생과 사도 잊으며 온갖 분별심에 의지한 분별상이 사라지면서 또렷이 빛의 세계를 관찰하고 있을 때에 천변만화한 우주의 중심 기운들이 나와 함께함을 깨달아 들어가면서 소우주와 대우주의 합일한 모양을 지켜보며 다시 한 생각을 일으켜서 몸을 살핀다면 몸속 깊은 곳 신경과 근육조직 사이에서 고요한 기운이 생겨나서 고요히 숨을 쉬고 있는 것을 지켜볼 때에 단전에 의지하지 않고 온몸으로 호흡이 이루어짐을 알 수가 있으며 또한 기감이 일어나서 기 기둥을 형성하며 온몸의 아래에서 위로 기운이 강력히 들어오면서 그때에 중심 혈인 각각의 챠크라에서 '꾸르륵' 하며 혈맥이 통하는 소리 또한 듣게 되는 것입니다.

몸의 기운이 충만함을 느끼게 될 때 빛 또한 사라지면서 눈을 뜨게 되면 비로소 분별지의 세계를 다시 만나게 되지만 시공을 초월한 한 세계를 만난 몸은 가벼움으로 드러나고 마음은 편하다는 것을 느끼고 있을 때 문득 아침이 온 것도 알게 되는 것입니다.

이것을 몸만 재우며 정신은 자지 않는다고 하는 것이니 옛 어른들이 늘 깨어있으라는 말과 같은 도리이며 명상이라고 하는 것이며 수행자의 일상인 것이며 대각의 문 안으로 들어가는 길인 것입니다.

나날이 이와 같은 호흡을 일으켜서 나아가면 가벼워진 몸은 업장이 소멸하고 편안해진 마음에 분별에 꺼들림이 없어질 것이니 비로소 산을 산으로 보고 물을 물로 볼 수 있는 것이며 분별심에 꺼들린 편견으로 사물을 있는 그대로 보지 못하고 선을 악으로 보고 악을 도리어 선으로 보는 집착의 견해가 떨어져 나가는 것입니다.

대저 거울은 있는 그대로 비추듯이 집착이 떨어져 나간 그 마음에 한 생각이 일어날 때에 아는 것은 안다 하고 모르는 것은 모른다고 할 수 있는 순일한 생각으로 이루어진 그 한 생각에서 만 가지 도리가 마음 가운데 순일한 한 생각 속에 담겨져 있음을 알게 되는 것입니다.

이와 같은 깨달음이 있고서 다시 깨달음의 문 안에 들어서서 깨달음의 세계도 잊게 되는 것입니다. 옛 어른의 말씀에 목마르면 물 마시고 곤하면 잔다는 것이 바로 깨달음의 문 안에서 깨달음을 버렸음을 말하는 것입니다.

  대충 몇 자를 적었으나 만약에 호흡수행의 그 시작이 힘든 분이 있다면 산승의 초암을 찾아와서 조력 방편으로 기체험을 전수받기를 권하여 봅니다.

  滿月堂

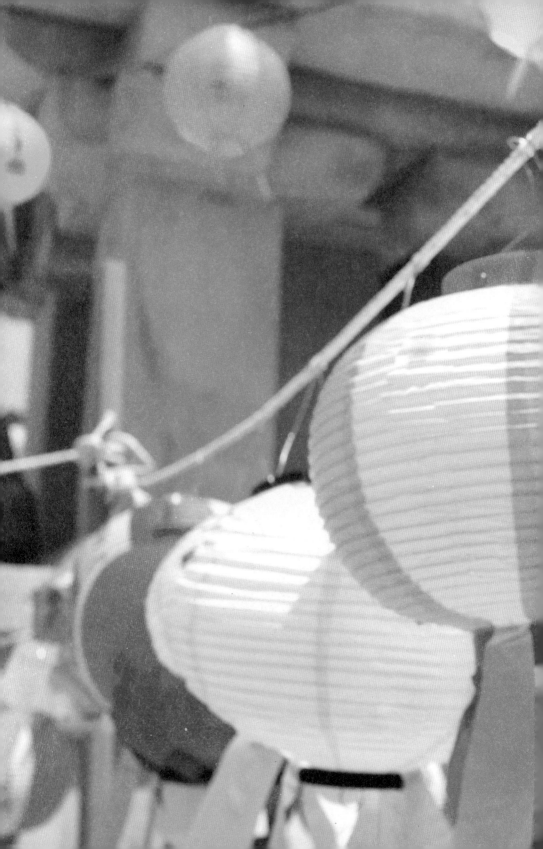

사
람
들

한 맺힌 영가

  30대의 보살님 한 분은 윤선생 영어교실의 강사직을 직업으로 가졌다. 하루는 절을 방문하였는데 자세히 보니 얼굴은 예쁘나 곰 보딱지 같은 것이 많이 생겨서 옥에 티와 같았다. 묻고 답했다.
  "본래 그런 것인가."
  "아닙니다. 최근에 생겨난 것인데 의사의 처방전을 따라도 없어지지 않습니다."
  "그렇다면 스님의 기를 받아 보는 것이 어떻겠는가."
  "스님, 꼭 받아보고 싶습니다."
  법당 쪽을 바라보고 서게 하고 1미터 떨어져 앉아서 기를 보냈다. 기다리기라도 한 듯 채 일 분도 안 돼서 자발공을 일으켰다. 본인의 의지와는 상관없이 저절로 골반이 벌어지고 다리가 일자로 뻗어 엎드리는 등 회원들이 늘 경험하는 상황이 연출되었다. 여기서 끝나지 않았다. 잠시 침묵과 고요가 흐르더니 보살은 서서히 흑흑거리며 울기 시작하였다. 점점 더 서럽게 울기 시작하는데 대성통곡과는 거리가 멀었다. 한참을 울고 있는 것을 대중은 침묵으로 바라보았다. 마침내 내가 물었다.

"그대는 누구인가."

"저는 일사후퇴 때 죽었습니다."

"왜 이 여인의 몸속에 들어왔는가."

"구천을 떠돌다 우연히 이 여인의 몸속에서 살게 되었습니다."

구천을 떠돈다면 얼마나 춥고 배고팠겠는가. 공양주 보살님에게 오늘 법회에 올린 상단의 떡을 깨끗한 접시에 담아오라고 하였다.

"이 떡은 부처님께 올린 것으로 독이 없다. 내가 먼저 한 점 먹어 볼 테니 안심하고 먹도록 하라." 그리고 떡을 한 점 권하였다.

영가는 처음으로 이 여인의 몸을 빌려 쓰는 듯 떡을 받고자 하나 팔을 잘 쓰지 못하였다. 또한 근근이 떡을 받고도 입의 위치를 잘 찾지 못하고 헤매고 있으므로 내가 먹도록 도와주었다. 산 사람도 너무 배가 고프고 서러울 때 밥 한 끼의 도움을 받으면 서러워서 도리어 목이 멜 때가 있다. 영가도 떡을 한 점 받아먹더니 채 삼키지도 못하고 다시 서럽게 울기 시작하였다. 그러더니 넘어지듯 휘청거리듯 간신히 일어나더니 스님, 고맙습니다 하면서 오체투지의 절을 하려고 노력하는데 분명 한국 불자의 절하는 모습과 똑같았다. 네가 죽기 전 생전에 절을 다녔느냐. 그렇습니다. 그렇다면 네가 불자구나. 내가 중이고 네가 불자인데 어찌 내가 네 천도재를 지내주지 않겠느냐. 내 천도의 염불을 듣고 받아 지니겠느냐.

네~ 스님. 감사합니다. 감사합니다. 거듭 고맙다는 표현을 하더니 쓰러졌다.

젊은 보살은 지금 이 상황을 다 의식하고 있으나 자기 입을 통하여 다른 사람의 생각과 다른 사람의 말이 나오는 것을 주체할 수 없었다고 하였다. 한편으로는 또 하나의 에너지가 자신과 함께 하고 있었다는 사실에 놀라워하였다. 묻고 답했다.

"오늘의 이 상황을 어떻게 생각하는가. 얼굴의 딱지 점들이 의사의 처방으로 해결되지 않으니 필시 몸속에 들어온 음기와 관계 있지 않겠는가. 이 일은 부모님과 의논하여 천도재를 지내보는 것이 좋지 않겠는가."

"스님~ 저도 성인입니다. 오늘 일은 부모님이 필시 믿지 않을 것입니다. 마침 제가 시집 갈 자금으로 모아둔 돈이 조금 있습니다. 오늘 일은 오늘 제가 체험하였으므로 영가를 위하여 천도재를 지내고 싶습니다. 그리고 난 후에 부모님께 이 일을 말씀드리고 싶습니다."

보살의 말에 일리가 있고 기특함이 엿보인다. 그리고 날을 잡고 천도재를 지내기로 하였다. 그 전날 밤에 보살은 비몽사몽간에 큰 소리를 들었다고 한다.

"들어라~ 나는 오랜 세월 떠돌다가 우연히 너의 몸속에 갇혔는데 스님의 기를 받고 이제 구천을 떠도는 한을 풀게 되어서 갈 곳으로 간다."

그래서 말했다. 천도재를 지내기 전에 마음과 마음이 서로 전달되고 통하여 이미 천도재가 끝난 것이다.

滿月堂

북경北京

2015년 12월 26일 중국 하얼빈을 향하여 비행기를 탔다. 일행은 3명. 그중의 한 분은 통역이었다. 우리의 옛 땅 만주에 도착하니 한민족의 회한을 느끼게 되었다. 송화강을 지나며 목탄강시까지는 3시간을 달리는데 보이는 건 들판이었다. 영하 28도의 차가운 날씨 가운데 4일 동안 그곳에서 여러 사람들을 만나고 일행과 헤어져서 북경으로 출발하였다.

도착한 북경은 영하 7도. 영하 28도의 추위를 겪은 탓인지 시원한 봄바람 같았다. 신도의 소개로 중국 침술원을 운영하는 중의사 여 원장과 김 거사를 만났다. 두 사람은 한국에서 온 나에 대하여 많은 관심을 보여주며 반갑게 대하였다.

여 원장이 이렇게 말했다.

"스님, 나는 군에서 장군이었습니다. 월남전에도 참전하였습니다. 총살 그리고 폭력이 끊임이 없었습니다. 그 공간에서는 늘 괴로움이 따르고 불안은 멈추지 않고 눈물은 마르지 않았습니다. 하루를 살더라도 사람을 살리는 일을 하여야지 사람을 죽이는 일은 더 이상 할 수 없었습니다."

여 원장은 침술원 집안에서 자라서 7세부터 침을 가지고 놀았다고 한다. 지금 여 원장의 침은 중국 국가가 인정하는 서열 3위라고 한다. 그래서 결단을 내리고 군복을 벗고 침술원을 운영하게 되자 괴로움은 적어지고 사람을 살린다는 보람을 느끼며 잠자리에 따른 불안은 멀어졌다고 한다.

"스님, 저는 자식들에게 분명히 말했습니다. 너희는 자수성가하여야 한다. 내가 번 돈은 모두 사회에 환원할 것이다. 오늘날 젊은 나이에 불행하게도 차에 받히거나 혹은 암이거나 일찍 요절하는 것은 그 사람이 복을 짓지 아니하고 죽어서 복이 없이 다시 태어났기 때문이다. 또한 그 사람이 복을 짓지 아니한 것은 그 부모나 그 선대조상이 복을 짓지 아니했기 때문이다. 그렇게 살다가 그렇게 죽고 하는 것은 계속 반복이 될 것이다. 이 세상은 복을 짓고 살아야 하고 우주와 대화하고 살아야 한다. 저 우주는 용렬하지 아니하고 저 우주는 낮과 밤이 싸우지 아니한다. 대가를 바라지 아니하고 내가 할 수 있는 신명을 바쳐서 환자들에게 봉사하여야 한다. 봉사는 나에게 즐거움을 주고 잠도 편히 잘 자게 해 준다."

여 원장의 거침없는 이야기는 나에게는 감동이었다. 평소의 나의 소신을 대변하여 듣는 듯해서 나는 할 말이 없었다.

"그대의 생각은 훌륭합니다."

김 거사는 말했다.

"스님, 저는 조계산 육조 혜능 대사의 법을 이은 한국 조계종 선불교를 늘 존경합니다. 늘 조석으로 기도하고 경전을 독송하고 좌

선과 호흡을 게을리하지 않았습니다. 스승을 찾고 있었는데 오늘 스님을 뵙게 되니 영광입니다. 참으로 기쁩니다."

4일 동안 매일 침술원을 들렀으며 여 원장과 김 거사는 덕담과 나에 대한 대접에 소홀하지 않았다. 여 원장과 김 거사는 말했다.

"스님은 중이 아니라 하늘이 내린 사람이다. 중국의 많은 사람들이 스님을 만나서 도움 받고 제도 되어야 한다."

우주관을 실천하고 사는 일이 쉽지 않다. 생활 가운데 불심으로 수행함이 귀하다. 참으로 귀한 사람들을 만나니 북경을 방문하는 일은 보람 그 자체였다. 떠나기 전에 신도는 차를 타고 북경 시내를 둘러볼 것을 권하였으나 거절하였다. 좋은 인연 좋은 사람들을 만났으니 구경보다 보람 있는 일이다. 다시 만날 것을 기약하고 한국으로 돌아왔다.

滿月堂

착한 사람의 이야기

어느 때 이런 일이 있었다. 해는 지고 천지가 어두운데 더위를 다스리고자 대청마루에 앉게 되었다. 그 순간 한 사람이 철문을 열고 들어선 것이다. 혹시나 도둑인가 하여 그 행색을 숨죽이며 지켜보았다. 주변을 살피면서 법당으로 들어서고 있었다. 내심 필시 도둑은 아니라고 생각하였다. 잠시 뒤 어둠 가운데 한 사람의 모습이 드러났다.

내가 이르기를, "보살님!" 하니 그가 끔적 놀라며 말했다.

"스님, 죄송합니다. 제가 닭 장수라서 하루에도 수없이 피를 보며 살고 있으며 손님들이 절에 다녀온 이야기를 듣고 있으면 마음 가운데 근심이 들었습니다. 사람들이 저에게 이르기를 법당은 성전인지라 피를 보는 사람이 절간을 찾으면 부정을 받는다고 합니다. 하지만 너무나 부처님 전에 향을 사르고 싶어서 아무도 몰래 절을 다녀가고 싶었습니다."

내가 말하기를 "먹고살기 위한 살생은 살생이라고 볼 수 없다. 만약 보살이 절에 다니고 싶다면 이후로는 닭을 잡아도 '닭아, 닭아, 어떻든지 손님에게 맛있게 먹혀 다오. 내가 너를 잡아서 큰돈을 벌게 해 다오. 내가 너를 잡아 돈이 모인다면 그 돈으로 너와 너희 닭들의 천도재를 지내고 만 중생에게 활인공덕 하겠노라'라고 생각하라."

이 인연으로 활연개오한 그 보살은 그 이후에 직지사에 자주 오게 되었다. 단아한 한복. 부드러운 마음씨. 잊을 수가 없다. 그때가 내 나이 23세이었다.

滿月堂

놀라운 일

　일련화 보살의 가족은 직지사로부터 속초에 이르기까지 오랜 세월 꾸준히 산승을 찾았다. 정초나 석가탄신일, 백중등 행사가 있는 때에는 말없이 사과와 배를 한 박스씩 보내 왔다. 인연이 지중한 가운데 부친상을 당했다는 연락을 받고 급히 포항 장례식장으로 내려갔다. 영전에 예를 갖추고 나무아미타불을 가족과 함께 고성으로 염불하고 축원하였다.

　예전에 산승은 격식을 갖춘 시식염불로써 정성을 다하고자 하였으나 오늘의 산승은 시식염불도 중요하지만 내가 영전을 찾아 예를 갖추는 것으로 이미 천도는 이루어졌다고 생각하였다.

　발인과 함께 산소가 될 경주 안강에 위치한 공동묘지로 출발하였다. 하관과 더불어 평토작업을 진행 중에 평토제를 지낼 때 상위에 깔기 위한 문종이가 영정사진 옆에 있었는데 홀연히 문종이가 스스로 바람을 일으키며 허공으로 솟구쳐 올라가기 시작하였다. 그때에 일진광풍이나 회오리바람, 약간 부는 바람 이런 것은 결코 없었다.

　점점 높이 올라가는데 30명의 대중은 평토작업 중에 솟아오르는 문종이를 보고 신기해하기 시작하며 웅성거렸다. 문종이는 곧게 허공으로 올라가더니 구름 속으로 사라졌다. 그날 하늘을 보니 참으로 하늘이 높아 보였는데 끝없이 드높은 하늘 속 구름 사이로 사라진 것이다.

웅성거리는 대중들에게 즉시에 한마디 던졌다.

"보라~ 선친의 영가가 문종이를 반야선 삼아서 찰나지간에 극락으로 향한 것이다. 여기 모인 대중은 각각의 인연을 쫓아서 집안에 한 가지 경사스런 일들이 모두 있게 될 것이다."

설화 속에는 산 채로 마을사람 전체가 허공으로 솟구쳐 올라갔다는 기록이 있는 것을 보았는데 오늘의 이 일이 산채로 극락을 갔다는 옛 기록들을 생각나게 하였다. 신기함을 넘어선 불가사의함을 보게 되었다.

滿月堂

한 여인의 의연한 기개

　25년 전 준수하게 생긴 한 여인이 왔다. 자세히 보니 중풍증세처럼 얼굴은 틀어지고 다리는 절고 있었다. 사주를 보니 남편궁이 절지에 앉아 새가 날개가 끊어져서 날지 못하는 형국이다. 남편만 없다면 건강할 것이나 결혼하면 병을 얻게 되는 경우에 해당하였다.

　"언제부터 몸이 불편하셨나요."

　"수년 전 어느 날부터 몸이 틀어지고 아프기 시작하였습니다."

　"부인은 남편의 덕이 없습니다. 부부 연에 살을 맞아서 오늘처럼 병이 오는 것입니다. 남편과 헤어지면 곧 몸이 원래대로 돌아올 것입니다."

　"대학교 때 사귄 남자가 의대생이었습니다. 결혼하고는 저희 부모님이 병원을 개설해주었습니다. 바깥에서는 어질고 친절하다는 평을 받지만 집에 돌아오면 아무런 이유도 없이 밤마다 저를 두드려 팹니다. 10년을 넘게 밤마다 맞고 살아 왔습니다."

　"그러니까 남편과 헤어지십시오. 곧 몸이 돌아올 것입니다."

　"스님~ 만약에 남편 때문에 내 몸이 아픈 것이라면 이대로 병

신으로 살겠습니다. 이혼보다는 금생에 일부종신으로 생을 마치
겠습니다."

"꼭 그러시다면 제 스승이 장호철 회장님입니다. 부산시 침구학
회 회장을 맡아 계시고 침의 대가이십니다. 제 스승을 소개할 테
니 같이 가 보시지요."

"그분을 일전에 만난 적이 있는데 저의 병은 침으로는 안 되고
남편과 헤어지면 저절로 낫는다고 하였습니다. 스님의 친절에 감
사드립니다."

나는 그 여인을 배웅하며 떠나는 뒷모습을 바라보면서 하염없
이 눈물을 흘렸다. 얼마나 의기가 뛰어난 것인가. 병이 뭐 대수겠
는가. 저 의연한 기개는 금생에 악연을 밟고 소멸하여서 다음 생
에는 정경부인의 위치에 오를 것이다. 나는 그 여인을 일생동안
잊을 수 없다.

滿月堂

업의 그림자가 드리우다

천리교에서의 일이다. 한 아이가 있었는데 나이는 당시 열일곱이었고 정신질환이 있었으나 사대는 움직일 수 있었다. 공양 때면 늘 마주 보고 밥을 먹는 입장이었다. 항상 밥을 맛있게 먹었지만 나의 젓가락이 아이 앞을 잘못 지나갈 때면 순간 자기의 밥그릇을 감싸며 혹여 뺏길까 두려워하면서 사나운 개처럼 으르렁거린다.

그 아이의 상을 유심히 보니 눈만을 보면 살기가 등등하여 살인자의 기운을 엿볼 수 있고 다만 입술만 본다면 관음의 미소처럼 자애로워 보였다. 눈은 하늘을 의지하므로 드러난 마음이며 입술은 땅을 의지하므로 속마음을 의미한다. 또한 목은 조상을 의미하므로 굵고 적당히 길고 탄탄하여야 한다. 그러나 이 아이는 목이 가늘고 굽어서 힘이 없어 보였다. 내가 대중과 천리교사에게 이렇게 말하였다.

"이 아이의 조상님 중의 한 분이 살인자이다. 후손은 조상으로부터 왔으며 후손의 잘못된 모습은 조상의 풀지 못한 업을 보여주는 것이다. 조상궁에 해당하는 아이의 눈이 살인의 기운을 보이니 윗대 한 분이 살인한 것이며 그 조상의 속마음에 해당하는 입술이 관음의 미소처럼 선량하니 본의 아니게 살인한 것이며 그 한이 숨어있고 드러나지 않으니 목의 이상이 온 것이다."

이 이야기를 들은 천리교사는 아이의 부모에게 연락하고 사정을 물어보니 과연 그런 일이 있었다고 하며 직접 찾아와서 이렇게 말했다.

"내가 젊을 때 가진 게 없고 처자식이 밥을 굶고 있는지라 남의 집 담을 넘어서 쌀을 훔쳐 나오는데 주인이 알게 되어 어쩔 수 없이 살인을 하였고 이 일로 인해서 수형을 살고 나온 일은 오늘까지도 자식들뿐만 아니라 누구도 모르는 일입니다."

이로써 미루어 보건데 어찌 업의 그림자가 없겠는가. 새겨 볼 일이다.

滿月堂

김 선생

김 선생은 궁통도가에서 부교주를 한 사람이다. 하루는 나의 명성을 듣고 제자들과 방문하였다. 마당에 들어서더니 평상에 앉아 있던 나에게 손을 들어 보일 것을 부탁하므로 들어 보이자 그도 또한 손을 들어 보이니 서로의 중간에서 푸른빛이 번쩍 하였다. 그는 과연 기통하였음을 감지하며 나를 만난 것을 기뻐했다.

김 선생은 탁월한 기 수련자이지만 한 가지 문제점이 있었다. 마냥 기침을 자주 하는데 감기나 천식의 문제는 아니며 알 수 없는 증세였다. 궁통도가에서는 해결할 수 없는 문제였다.

김 선생이 서고 내가 1미터 떨어져 서서 기를 보내니 기를 받아들이면서 서서히 좌정하고 입정에 들었다. 선생의 제자들도 동참하여 우리는 함께 기를 보냈다. 세 시간 이상 좌정한 모습에서 요동이 없고 침묵의 시간이 흘러갔다.

그러던 중에 김 선생은 일어나더니 사방 허공을 향하여 차례로 고개 숙이며 합장하더니 눈물을 비 오듯 흘리는데 우리는 숙연해졌다. 그날 저녁 제자들과 나의 문도들이 잠을 청할 때 김 선생은 나의 방문을 노크하여 말했다. "스님에게 기를 받고 일어난 일을 말씀드리는 것이 예의라고 생각합니다. 오후에 기를 받고 전생을 보았는데 제가 독립군 복장으로 실탄을 잔뜩 메고 총을 들고 어느 동굴에 있었습니다. 그곳에는 여중생 정도의 어린 여학생이 있었는데 제가 그 학생을 총으로 쏘아 죽였습니다. 영상이 계속 반복해서 보이는지라 이것이 나의 전생모습인 줄 깨닫고, 일어나서 천지신명과 부처님 전에 참회의 눈물을 보였던 것입니다. 몸은 가볍고 마음도 개운합니다."

다음 날 헤어지고 여러 번 만났으며 그날 이후 김 선생은 더 이상 기침하는 일이 없었다.

김 선생은 본시 신학대학을 졸업하고 목사로 있다가 기수련을 만나면서 목사를 그만두고 청송 주왕산에서 흐르는 물과 나무열매 따위를 취하여 살았으며 약간의 돈이 필요할 때는 대중목욕탕을 찾아서 목욕 관리사를 하였고 돈이 마련되면 다시 청송으로 들어가는 생활을 하고 있다.

滿月堂

상계동 두목이었던 길환 거사

어느 때에 지인이 나이트클럽의 신장개업 차 고사를 지내줄 것을 청하였다. 그때에 정장을 한 거사 한 분이 나를 유심히 보았다. 훗날 검도관에 수련하러 갔더니 도장에서 또 만났는데 그때는 구면이 되었다. 하루는 정각사를 방문하였는데 "당신은 눈빛이 좋더라. 아직 나보다 눈빛이 좋은 사람은 만난 적이 없기 때문에 한번 맞붙어 볼 생각으로 왔다."라고 하였다.

얼마나 단순한 생각이며 물들지 않은 모습이던가!

"그대는 누군가?"

"나는 상계동의 두목입니다."

"몸으로 싸우는 것은 작은 일이니 불법佛法으로 한번 싸워보지 않겠는가. 그대는 석가모니 부처님 이야기를 들은 적이 있는가?"

"없습니다."

"인생이 무상하다는 생각을 해 본 적이 있는가?"

"없습니다."

"도를 통하면 걸림이 없는 길을 발견하고 대자연의 함이 없는無爲 삶이 있음을 들어 본 적이 있는가?"

"없습니다."

"이른바 화엄경에 이르기를 만약 천지인 이법理法을 요달코저 한다면 과거 현재 미래가 오직 이 순간을 의지해서 나타나는 것이며 마땅히 이 순간이 지금이며 우주이며 성품性品임을 본다면 일체의 모든 것이 허상虛相이며 무상無常이며 마음에서 지어진 것임을 알게 되는 것이다."

"더 이야기해 주십시오."

"알아듣겠는가?"

"못 알아듣겠습니다."

"그럼 화엄경을 드릴 테니 직접 알아보고 모르는 게 있으면 다시 오게나."

세 권의 책을 받고 그 거사는 떠났다. 하루는 두목의 부하라고 하는 거사 여럿이 나타나더니 "너 중놈을 만나고는 우리 두목이 사라졌다. 두목이 있는 장소를 말해라. 아니면 화근이 있을 것이다.", "모릅니다.", "두고 보자!"

보름이 지나고 길환 거사가 찾아왔다. 화엄경을 들고 가정과 부하들에게 말하지 않고 어느 절간에 약간의 시주를 하고 방을 얻어서 주야밤낮으로 경을 읽었으며 모두 보고서야 스님을 찾았다고 하였다.

"무엇을 보고 무엇을 느꼈는가?"

"읽기만 하면 잠이 오고 무슨 뜻인지는 전혀 모르겠습니다."

"잠이 온다는 것은 제대로 읽은 것이며 뜻을 전혀 모른다는 것은 크게 깨칠 징조이다."

겨울이 오기 시작하자 매일같이 사람을 보내더니 날이 추우니 땔감 비용으로 쓰라고 하면서 많은 돈을 시주하였다. 그때부터 하루가 멀다 하고 절을 찾으니 상계동의 부하들은 정각사로 모여 들고 법당에 절을 하도록 시켰으며 청송 교도소에서 출옥한 부하들은 절에 도착하여서 법당에 삼배를 올리고 나서야 두부를 먹을 수 있었다. 그 때문에 정각사가 깡패 소굴이라고 읍내에 소문이 파다하였다. 하루는 말했다.

"상대는 나의 인격을 보여주는 것인데 나의 인격은 깡패의 길이겠는가. 내가 깡패가 되는 것과 자네가 불자가 되는 것과 어느 쪽이 격이 뛰어난 길인가?"

"출가해서 중이 되겠습니다."

"나의 뜻을 따를 수 있겠는가?"

"시키는 대로 하겠습니다."

"재가불자가 되어서 처와 자식들과 신앙생활을 하도록 하게나."

길환 거사는 더 넓은 세상이 있음을 알고서는 자신이 걸어가는 현재 모습을 부끄럽게 생각하고 자취를 감추더니 한참 뒤에야 정각사를 찾았다. 어두운 생활을 정리하고 가산도 정리하고 시골에 촌집을 구하고 학원을 다녀서 공인중개사 부동산 자격증을 획득하여서 사무실을 개원하고 열심히 살고 있다. 지난날의 자신의 행위들을 매일같이 참회하며 자신의 잘못된 길의 추억을 잊고자 상계동 쪽은 고개조차 돌리지 않는다고 하였다. 훗날 내가 암자 터를 살 때에 수수료를 받지 않고 직접 나서서 모든 일을 깔끔하게 해결하더니 나의 생활이 어려울 때마다 안위를 걱정하는 전화를 주었다.

어느 때에 방배동 먹자골목 거리를 거닌 적이 있었는데 고급 승용차에서 곤색 양복의 정장한 거사 여럿이 내리더니 길환 거사에게 깍듯이 절을 하였다. 그가 말했다.

"제가 스님을 만나지 않았다면 아직도 좋은 차를 타고 다니며 부귀영화를 누렸을 것입니다."

길환 거사는 부동산의 일과 가정을 돌보고 가까운 절을 찾아 참배하는 일 외에는 주변을 돌아보지 않았다. 그는 조그만 소형 승용차 마티즈를 타고 다닌다.

滿月堂

시신이 떠오르다

어느 때에 이런 일이 있었다. 하루는 손님이 방문하였는데 여주모 중학교 체육교사라고 하였다. 평소에 절에 다니고 싶은 마음이 간절하였는데 동료 교사의 소개로 스님을 찾아보게 되었다고 하였다. 그분은 나와 알게 된 이후로 자주 방문하였는데 불전에 쌀공양을 올리기도 하며 향 공양도 하였고 나는 그분에게 참배하는법, 108배 등 사찰예절을 알려 주었다.

그분과의 만남이 한 철 정도 지났는데 어느 날 부인과 동료교사두 분이 방문해서 이렇게 말하였다.

"스님! 저의 남편이 며칠 전 남한강에 빠져 죽었고 3일째 시신이 떠오르지 않아서 포기하기로 했습니다. 생전에 만월당을 만났다고 자주 이야기하는 것을 들었기 때문에 스님에게 49재를 부탁하고자 왔습니다."

상황은 이랬다. 그날 전후에는 여주에 엄청난 비가 내렸기 때문에 남한강의 물이 범람하고 있었고 체육교사와 영어교사 외 한 분의 교사 3인이 모여 남한강 둑에서 가벼운 술 한 잔과 덕담이 오고 가는 중에 갑자기 체육교사가 남한강으로 뛰어들었고 주변에서는 제지할 틈도 없이 생긴 일이었다. 급히 가족에게 알리고 동료교사는 3일 동안 남한강을 주시하였으나 범람할 정도의 물살 속에 떠내려갔다고 판단한 것이다.

내가 부인의 관상을 보니 하관이 어둡고 눈 밑의 와잠이 탁한 것을 관찰하고 부부간의 관계에 강한 살이 있음을 알았고 필시 이 살이 세월과 함께 남편에게는 어두운 기운으로 쌓였을 것이다. 그러나 사람이 죽으면 자기의 인간 생각을 둘러보는 힘이 더욱 커지는 것이므로 자기가 죽는 원인을 발견할 수 있는 힘이 나타난다. 만약 자기의 명에 죽은 것이 아니고 살에 눌려서 죽은 것을 알게 되면 그 억울함이 그 시신을 떠나지 못할 것이다. 죽은 것도 억울한데 시신까지 떠내려가게 할 수는 없을 것이다 하고 판단하였다.

나는 이렇게 답했다.

"보살님! 재는 급하지 않습니다. 우선에 시신부터 찾아서 고려병원에 안치하십시오. 잘 화장하시고 난 이후에 재를 지내도록 하십시오."

"시신은 물살에 떠내려가서 찾을 길이 없습니다."

"그렇지 않습니다. 5일째 오후 4시에서 5시 30분 사이 시신은 빠진 그 자리에서 떠오릅니다."

같이 온 동료 교사들은 당시 상황에 같이 있었던 책임감이 있었던지라 혹시나 하는 마음으로 남한강 둑에서 지켜보았다. 5일째 오후 4시경 아직도 물은 범람하고 물살도 센 데도 불구하고 빠진 자리에서 시신이 떠오른 것이다. 그분들은 가족에게 알리고 시신을 여주 고려병원에 안치하였다.

　나도 차 한 잔 나누었던 인연이 있었던지라 병원을 찾았고 조문하고 향을 사른 뒤 그분의 영정을 보면서 나의 기운을 보내니 순간 나의 심장이 뜨거워지기 시작함을 보고 필시 화병으로 죽었음을 짐작하였다. 부인은 나에게 49재를 부탁하였으나 나의 덕이 부족함을 내세워서 천년고찰 여주 신륵사에서 많은 스님들을 모시고 잘 지내드리라고 하였다. 살이라는 것도 있고 업이라는 것도 있어서 작동하는 것은 사실이다. 있는 것은 작동하고 없는 것은 나타나지 못한다. 그러나 그 모든 업과 살이라는 것은 옷과 같고 그림자와 같으니 오직 마음 씀씀이에 나타난 모양일 뿐이다. 업이 중하니 살이 끼었니 하고 현혹되거나 잘못 생각하지 말아야 한다. 다만 마음을 쓰되 잘못된 생각을 바르게 하고 그릇된 행동을 하지 말고 나의 주변에 복이 되게 하는 것이 살을 이기고 업을 소멸하는 길인 것이다.

滿月堂

인과의 그물

대구에 살 때 지인의 소개로 제주도 르네상스 호텔 박 회장을 만났는데 육군중령을 제대하였고 품위가 있었다. 하루는 제주도에서 박 회장의 전화가 왔다.

"스님, 꿈만 꾸면 스님이 공항에서 나오고 제가 그랜저에 스님을 모시고 회사와 집으로 가고 있습니다. 꼭 한번 와 주시면 고맙겠습니다."

그러나 두어 번 거절하였는데 두둑한 여비와 비행기 표를 보내므로 가게 되었다. 제주 공항에 도착하였더니 박 회장의 안내로 승용차에 오르게 되었다.

"스님, 지금 딱 꿈대로 모시고 있습니다."

집에 도착하니 스님이 온다고 가족 모두 인사차 기다리고 있었다. 가벼운 차담이 오고 가는 중에 부인의 상을 유심히 살피니 비명횡사의 기운이 있었다. 박 회장에게 은근히 일러주며 기도와 신앙생활 할 것을 권했으나 귀 기울여 듣지 않았다. 다음 날 호텔에 들어서자 전무와 총무가 기다리고 있었다. 총무는 버드나무처럼 호리하고 야윈 몸매이고 손도 길고 얼굴도 길었다. 묻고 답했다.

"총무는 뭐하는 직책인가?"

"네~ 재무 담당입니다."

"뭐~? 재무담당? 박 회장 저 사람 오늘 날짜로 해고시키세요."

"보소~ 총무, 차는 뭐 타고 다니요?"

"네~ 그랜저입니다."

"이 시간 이후부터는 티코 승용차로 바꾸시오. 아니면 죽는 수가 있소."

그날 총무는 해고되었다. 버드나무는 그늘은 주지만 곡식이나 과일을 내지는 않는 것이다. 예로부터 배 나오면 사장이라 하였고 재무담당은 통통하고 배가 나와야 한다. 부지런히 일하고 배가 나오면 돈배이며 놀고먹어서 나온 배는 똥배라고 한다. 특급 호텔에 이런 마른 자가 금고를 관리한다는 것은 곧 부도 날 것임을 예견한다고 일러주고 돌아왔다. 그 뒤에 경기도에 살 때 지인의 소개로 서울에서 가장 큰 탑 인테리어 회장이 찾아왔을 때 덕담 중에 말했다.

"회장님, 겨울에 남방, 즉 제주도에 갈 일이 있을 것입니다. 그때에 객실에 머물다가 창문 밖으로 눈이 오는 것이 보인다면 서울 본사에 전화해 보십시오. 부도가 났을 겁니다."

탑 회장은 알고 보니 르네상스호텔 인테리어 건으로 박 회장을 만난 것이었고 다음 날 객실에서 일어나자 눈이 펄펄 내리는지라 본사에 전화하니 부도가 났다고 하였다. 전무가 친동생인데 회장 모르게 저질러 놓은 일이 있었던 것이다. 한편 탑 회장은 르네상스 공사에 20억 이상 투자하였으나 르네상스 또한 자금난에 허덕여서 서로 이와 입술같이 맞물려서 오랫동안 떨어질 수 없게 되었다. 시간이 흐르고 서울 청담동에 살 때 박 회장이 찾아왔다. 젊고 앳된 아가씨와 동행하였는데 부인이라고 하였다. 본처의 소식을 물으니 내가 제주도를 떠나고 2년 뒤 교통사고로 죽었다고 하였다. 천라지망이란 물고기가 그물 속에서 자유롭지만 그물 속인 것을 알지 못하는 것이다. 나와 박 회장, 총무, 부인, 탑 인테리어 회장, 그 동생 전무 모두 시간의 늦고 빠름은 있었지만 만나고 얽히고 사연 있는 것이 모두 전생 인과의 그물 속 이야기다.

滿月堂

불공비

　십 년 전 천년고찰 용문사 마을에 홍 씨라는 사람이 지인들과
함께 나를 찾았다. 차담과 덕담을 나눈 후 한마디 하였다. 그대는
궁금한 것이 무엇인가 하니 지금 하고 있는 식당은 손님은 많으
나 집이 낡아서 근처에 새 가든을 짓고자 땅을 구입했는데 언제쯤
착공을 하는 것이 좋을지 알고 싶다 하기에 "보소! 나도 바람 불
고 비 오는 날에 출행을 삼가하는 것은 다 측은히 여길까 경계하
는 것이니 바람 불고 비 오는 날 말고 아무 때나 지으면 되는 것이
오. 고승을 만났으면 그런 거 말고 태어나서 처음 듣는 그런 이야
기 한번 들어보겠소. 내가 그대의 눈빛을 보고 소리를 듣고 기색
을 보니 자식 운이 불길하니 필시 한 자손은 죽게 될 것인데 자식
은 몇이나 두고 있소?" 하니 아들만 둘이라 한다.
　"그러면 둘째 아들이 칠 일 뒤 오후 신시에 죽게 될 것인데 어찌
생각하시오. 이런 말을 하는 내가 미친 사람으로 보이지는 않는지
만약 미친 사람으로 보지 않는다면 그대는 나의 말을 어찌 생각하
시오."
　홍 씨가 어찌해야 하는지를 물음으로 내가 이르기를 불공 외에

살 길이 있겠는가 하니 불공비가 얼마냐고 물어보므로 기색이 맑고 음성이 가벼운 사람은 불공비가 오백만 원이며 기색이 어둡고 음성이 탁한 사람은 천만 원인데 그대는 자식을 위해서 천만 원 불공을 하는 것이 좋다 하니 비싸니까 오백만 원으로 깎자 한다. 내가 말하기를 살면서 그저 주는 것도 배우고 외상빼기도 배웠지만 깎는 것은 배우지 못하여서 그리는 못하겠으니 참고나 하라 하고 일행은 돌아갔다. 일주일 뒤 홍 씨의 둘째 아들은 집 앞에서 후진하는 차에 받혀 죽었다. 홍 씨 부인은 스님이 하라는 대로 하지 않고 돈을 아낀 남편에 대해 분노하고 아들 제사가 끝나자 이혼하고 미국으로 갔다. 부모는 뿌리고 자식은 꽃봉오리다. 뿌리가 상하면 꽃잎이 질 것을 알 수 있다.

滿月堂

행복하지 못한 여인

　어느 보살의 눈물 젖은 사연이다. 20년 전 나를 7년간이나 찾았다는 분이 있었다. 그도 그럴 것이다. 당시는 직지사로, 보경사로, 도리사로, 울산으로, 서울로, 청송으로, 덧없이 옮겨 다닐 시절이었다. 만나기로 한 장소에서 누군가가 서 있는데 시커먼 기운이 덮고 있으므로 내가 만날 사람이 이분인 줄 즉시에 알았다. 집 안을 들어서니 형광등 속에 밝았으나 나의 시야에서는 천장에 시꺼먼 먹구름이 흐르고 있는 것이 보이므로 사연 있는 집임을 즉시에 알아차렸다. 묻고 답했다.

　"스님~ 저희 식구는 왜 이럴까요. 왜 행복하지 못할까요."

　"사연을 말해 보세요."

　"저는 자궁암이라고 하여 수술하였는데 후에 자궁암은 오진이라고 하였습니다. 어느 때는 허리가 아파서 병원을 들리니 디스크라 하여서 수술하였는데 후에 디스크는 오진이었다고 하였습니다. 그 후유증으로 몸은 골병이 들었습니다. 남편은 스쿠버 다이버인데 물속에서는 자유로운데 물 밖을 나오면 팔이 천근같이 무거워져서 고통을 받으며 특히 집 안에 있으면 더 더욱 고통스러워해

집에 있지 않으려고 합니다. 딸은 여고생의 나이이나 몸이 원인 없이 불어나 몸무게가 100kg를 넘어가니 병원에서는 치유할 수 없는 희귀병 중의 하나라고 합니다. 가족은 마음이 뿔뿔이 흩어져 서로서로 바라보면 다만 지쳐있는 모습만 멍하니 쳐다볼 뿐입니다. 스님, 저희는 무슨 인연으로 이렇게 힘들게 살아가는 것일까요."

눈의 정기는 약하며 음성은 지쳐 보이는 그분의 귓속에 대고 잠시 소곤거렸다.

"보살님의 말씀에 답변하기 위해서는 제가 잠시 욕을 해야 하는데 괜찮겠습니까."

허락을 받은 후 내가 정좌하고 말했다.

"이년! 너는 독사야! 독사의 혼백으로 돌아가라. 천지 삼라만상은 격대로 만나는 것이다. 복록을 여의고 홀연히 자궁에 들었으니 잘못 들어왔던 것이다. 본시 그대는 풀숲 속 독사의 혼백이며 사람으로 거듭나 본 적이 없다. 오복의 반도 지어 받지 아니했는데 어떻게 행복할 수 있겠는가. 죽어서 독사의 혼백으로 풀숲으로 돌아가되 약 먹고 죽지 말고 거실 높은 곳에 단을 만들고 조그마한 부처님 한 분 모시어 아침에 지심귀명례하고 저녁에 지심귀명례하고 일심으로 예불하다 죽어라!" 하였다.

"스님~ 제가 독사가, 독사가 맞지요. 어릴 때 거울을 보면 저의 예쁜 얼굴을 볼 수 있었지만 나이 20세가 넘어가면서 세면장에서 거울을 보면 나의 얼굴은 보이지 아니하고 거울 속에서는 독사가 혀를 드러내고 날름거리고 있었습니다. 세월이 흘러도 거울을 볼 때면 나의 모습은 보이지 아니하고 독사만 보이는지라 다시는 거울을 보지 않고 있습니다. 온 가족이 나와 함께 둘러앉아서 서가여래 팔상성도의 이야기를 듣고 인연과 인과에 대한 이야기를 들었으며 오늘부터라도 서로서로 기운을 모아서 아침저녁으로 지심귀명례하고 불심으로 살다가 죽겠습니다."고 다짐하였다.

滿月堂

낙산에서 시신을 찾다

양평 정각사에서 살 때의 일이다. 물이 귀하고 용량이 달려서 지하암반수를 뚫고자 했으나 대부분은 이곳에 물이 없다고 하였다. 어느 날 손 씨라는 분이 찾아왔는데 지하수 개발업을 하시는 분이며 도량을 둘러보더니 파면 물이 나온다고 하였다. 지하 100미터 이상 뚫을 것이며 비용은 대략 1,300만 원 이상이라고 하였다.

그렇게 상담만 하고 헤어졌다. 그리고 한 달 뒤 여름이 되었는데 손 씨에게 연락이 왔다. 이렇게 이야기하였다. 아들이 군에서 제대하고 연세대에 복학하였는데 제대 및 복학 기념으로 친구들과 낙산 해수욕장을 갔다고 한다. 오후 두 시쯤 일진 강풍과 회오리가 일어나서 모두 바다에서 해변으로 나왔으나 손 씨의 아들만 행방불명이 되었다. 백주대낮의 일인지라 119, 군 수색대, 민간인 수색대가 7일 동안 찾고 있으나 시신을 발견하지 못하고 있으며 부모로서 무더위에 수고를 끼치는 것을 미안한 마음에 더 이상 지켜볼 수가 없어서 시신을 포기하고 철수하고자 하는데 결단을 내리고 싶습니다만 혹시 하는 마음으로 스님께 전화 드려봅니다. 하는 것이다. 그때 나는 이렇게 말했다.

"전화 잘 하셨습니다. 제가 아는 것이라고는 시신 건지는 재주 밖에 없습니다. 아들의 생일을 주시면 풀어서 원인을 찾겠습니다."

아들의 사주에서는 물은 흉하고 불은 길한데 사고가 난 날은 물의 일진이었다. 조부와 조모가 서로 구천에서 만나자고 하였는데 먼저 돌아가신 조모가 구천에서 조부를 보니 구천에 오지 아니하고 손자로 태어난 것이다. 즉, 손 씨의 아들은 돌아가신 선친이 아들로 태어난 것이며 이 아들은 구천에서 기다리는 조모의 남편인 것이다.

조모는 조부의 영혼을 거두고 싶었으나 손자의 운기가 약할 때를 기다렸던 것이다. 이와 같이 판단을 마치니 조모는 조부를 데려가는 것이 목적이며 손자를 해하고자 하는 뜻은 없다고 판단하고 이 시신은 반드시 찾을 수 있다고 생각하였다. 손 씨에게 이처럼 답했다.

"절대로 철수하지 마십시오. 9일째 오후 4시에서 5시 40분 사이에 서북쪽에서 만납니다. 서북쪽에 돌이 보입니까?"

"서북쪽에 방파제가 있습니다."

"그러면 주야로 그쪽만 바라보고 계십시오. 만날 수 있습니다."

그로부터 아흐레 되는 날, 오후 4시 경에 서북쪽 방파제 앞에서 홀연히 시신이 떠오른 것이다.

시신이 목을 물 위로 내고 곧게 서서 떠내려가는 것을 손 씨가 발견하고 일행들과 함께 건지게 되었다. 일반적으로는 남자는 양이므로 아래를 보고 떠오르며 여자는 음이므로 양을 보기 위하여 하늘을 보고 떠오르는 것이 천지 음양조화인데 손 씨의 아들이 서서 떠내려간 것은 기이한 일이 아닐 수 없다. 그러나 기이한 일에는 기이한 원인이 있다. 나는 손 씨에게 이렇게 말하였다.

"아들의 죽음에 아버지의 허물이 있다. 시신이 서서 떠내려감을 보이는 것은 세운다는 것을 보이니 세움의 으뜸은 조상을 세우는 것인데 선대조상을 위한 재를 소홀히 했음을 보여주고 있다.

당신은 물을 다스리는 사람인데 물을 찾기 위하여 땅을 파기 전에 용왕에게 절하지 않았을 것이며 물의 흐름이란 신령하여서 성인과 현인의 성품을 보이는 것인데 이 사업을 하면서 부처에게 절하지 않고 법문 듣지 아니하고 보시나 봉사하지 않은 허물이 있음을 아들의 죽음으로부터 알 수 있다. 만약 당신이 땅을 파기 전에 아무 데나 오줌 누지 아니하고 명태라도 한 마리 올리고 절하는 마음으로 물을 다스렸다면 물의 신령한 가피가 있어서 오늘날 부자로 살 것이며 만약 그렇지 않다면 항상 벌어도 남는 게 없고 찌들고 가난하게 살 것인데 어떻습니까?"

손 씨는 가난하였다. 큰돈을 버는 업종이면서 들어온 만큼 나간다고 하였다. 아들의 시신을 건진 인연으로 찾아왔으나 아들의 천도재비가 없는 형편이라서 절에서 재를 지내 준다면 정각사에 지하 암반수를 대신 파주겠다고 하였다.

아들의 제사에 온 가족이 지극정성으로 참여하였고 그 이후로 독실한 불자가 되었으며 재산도 늘어나기 시작하였다. 평소의 착한 성품이 스님과 만나는 복이 되었으나 스님을 만난 후에는 지혜

가 열려서 운명까지 밝은 변화를 이끌어 내었다. 정각사는 이 인

연으로 인하여 지하 150미터 암반수를 쓸 수 있게 되었다.

滿月堂

화병

　어느 날 따스한 봄기운에 법당 주변을 산책하였는데 대웅전의 화주 보살님이 급한 모습으로 뛰어오면서 말했다.

　"스님, 지금 법당에서 한 여인이 불전에 엎드려 눈물을 비 오듯이 흘리며 통곡하고 있으니 스님께서 제도하세요."

　내가 법당으로 가서 보니 과연 그런 상황인지라 두고 볼 수 없어서 말하였다.

　"보살님 운다고 되는 일은 없습니다. 심중에 있는 생각을 스님에게 다 풀어 놓으시면 마음이 편할 것입니다. 무슨 일이 그렇게 힘들게 하십니까?"

　"스님에게 말하면 이 답답함이 없어질까요?"

　"무엇이든지 말씀하십시오. 스님에게 의논하지 않으면 과연 누구와 더불어 의논하시겠습니까?"

　"어느 때에 중매로 인하여 한 남자를 만났는데 첫눈에 그 남자가 나의 인연인 줄 알았습니다. 하지만 백일이 지난 지금까지 연락이 닿지 않아서 화병이 오는지라 부처님을 찾고 통곡하게 되었습니다. 스님, 그 남자는 언제쯤 연락이 올 수 있습니까?"

동병상련의 마음이 무엇인지를 모르던 내 나이 23세에 나는 아무 말도 하지 못하였다. 아니…. 할 말을 찾지 못하였던 것이다. 생자필멸이니 회자정리니 하는 말이 이 여인에게 어찌 도움이 될 수 있을 것인가. 내가 또한 화병이 무엇인지 한 번이라도 겪어 본 적이 있었더라면 그 여인의 말끝에 나도 그런 적이 있다 하고 같이 울고 슬퍼하였다면 좋았을 것을…. 그것이 그 여인의 마음을 다스리고 끝내는 회자정리의 깨달음과 의연한 마음으로 되돌아오게 하였을 것이다. 나는 그 여인에게 아무 말도 못 하고 부끄러운 마음만 더하여 나의 방으로 돌아와서 그동안 즐겨 소장하던 모든 경전을 리어카에 싣고 논두렁으로 가서 모두 태워 버렸다. 내가 보았던 이 모든 글귀는 나에게 알량한 지식만 더하게 했을 뿐 중생과 더불어 하는 동병상련의 마음을 알게 하지는 못했던 것이다. 심히 부끄럽고 허탈하였다. 그날의 만남은 나로 하여금 상사병의 아픔을 알아야 하며 동병상련의 마음을 느끼고 깨달아야 한다는 원을 세우게 하였다. 그날 이후 본사를 떠나서 낮은 산 높은 골짜기까지 저잣거리의 만행을 시작하게 되었던 것이다.

滿月堂

기도비

포항에서 어느 보살님이 방문한다는 연락을 받았다. 양평까지는 7시간 이상 지체되고 늦은 밤에 도착하였다.

"어떻게 이 먼 길을 오시게 되었습니까?"

"예전에 스님이 포항에 계실 때 익히 명성을 들었으나 이제야 찾아보게 되었습니다. 앞날의 궁금한 구석이 있어서 묻고 싶습니다."

"보살님이 먼 곳에서 찾아오시는지라 소승은 마음속에 기쁨이 넘쳤습니다. 내가 아는 것은 무엇이며 무슨 말로 부처님 법을 전할까 하고 간절하였는데 왜 소승에게 앞날을 묻는다 하십니까?"

"지난날 포항에서는 신발에 모래가 찾아들고 버스비가 없는지라 짐짓 미친 척하여서 잠시 관상을 본 적이 있었으나 오늘날 나의 암자는 터가 10,000평이며 28칸의 집에 동문과 서문이 있으며 곳간에는 쌀이 열 가마가 있습니다. 이럴진대 무엇 때문에 앞날을 예지하고 관상을 보아야 합니까. 법을 묻고 답하는 것은 아름다운 일이나 점은 칠 수가 없습니다. 오늘은 늦었으니 밝은 날 일찍 떠나도록 하세요."

그렇게 그는 아침 일찍 떠났다. 그리고 늦은 오후에 잘 도착하였다고 연락이 왔다. 묻고 답했다.

"스님, 스님 통장으로 1,000만 원을 입금하였습니다."

"왜요?"

"간밤에 잠이 오지 않아서 곳간을 열어보니 쌀이 한 가마도 없다는 것을 알았습니다. 집만 크면 뭐합니까. 먹고사셔야지요."

"비록 그렇다고 하더라도 이유 없이 돈을 받지는 않습니다."

"아닙니다. 생각해 보니 불자라고 하면서 앞일을 물어보려고 했던 것이 부끄럽고 느낀 바 있어서 오늘부터 백일기도하기로 하였습니다. 기도비라고 생각하고 받아주십시오."

"음~ 기도비라~ 중은 기도비는 받습니다."

어려운 사중 살림에 뜻밖에 큰돈이 들어오게 되어서 '옳거니, 용돈 생겼구나.' 하고 내심 기뻐하였다. 기쁨도 잠시, 며칠 뒤에 존경하는 한 스님으로부터 연락이 왔다.

"수산 스님, 제가 직장암이라서 수술해야 한다 합니다. 수술비도 없고 걱정입니다."

그때에 깨달았다. 기도비는 용돈이 될 수 없다는 것을…. 내가 보호자가 되어서 강남 삼성병원에서 수술하고 요양할 수 있도록 배려하였다. 포항에서 온 보살님은 가난한 중을 걱정하는 복을 지었을 뿐 아니라 기도비 또한 거룩하게 쓰인 복을 받은 것이다. 나는 좋은 일 했다는 이름은 얻었지만 용돈이라는 콩고물은 없었다. 그래서 나는 돈에도 성질이 있다고 하는 것이다.

滿月堂

박 선생 이야기

    박 선생은 천리교 포교사이다. 매일 포교를 나가는데 하루는 사천에서 진주까지 걸어간다고 하였다. 왜 버스를 타지 않느냐고 물었다. 대답하기를 "오늘은 암 환자의 쾌유를 빌기 위하여 그 분을 찾아갑니다. 이 시간에도 고통 받는 환자를 생각하면 걸어가면서 고통을 나누는 것이 그분을 위한 기도가 될 것이라고 생각합니다." 나는 감명 받았다. 신흥종교는 대부분 이와 같은 적극성을 보이지만 우리 불교에서 이와 같은 정성스러운 마음씨를 아직 내 눈으로는 본 적이 없다. 하루는 이 선생이 찾아와서 알게 되었다. 이 선생은 사우디에 나가서 오 년 만에 귀국하여 박 선생을 사랑하였고 해외에서 오년간 번 돈을 한 푼도 남기지 않고 천리교당에 시주하였다. 그리고 교회장에게 박 선생과 결혼시켜 줄 것을 부탁하였다. 당시 박 선생은 이 선생보다 나이가 스무 살 많은 연상의 여인이었다. 그래서 부모는 반대하였고 교회장의 입장은 난처하였다. 간절하고도 사무친 마음으로 하소연하는 이 선생의 청을 거절하지 못하고 교당에서 찬물 한 그릇 신전에 올리고 결혼을 증명하였다. 그 다음 날 두 사람은 신혼여행으로 한 달분의 미숫가루를 챙겨서 일 원 한 푼 없이 사천에서 서울을 거쳐 다시 사천으로 내려오게 되는데 걸으면서 천리교를 알리며 주는 사람을 만나면 먹고 그렇지 않으면 물이나 미숫가루로 배를 채우는 것이었다. 연락이 끊어지고 어느 날 소식을 들으니 경남 거창에 있다는 소문에 수소문하여서 내가 찾아가게 되었다. 어느 달동네 마을이었는데 진귀한 풍경이었다. 여러 집이 모두 담장으로 구별되어 있고 집 한 채는 방 한 칸, 부엌 하나, 조그만 마루로 되어 있어서 독채가 틀림없었다. 당시 보증금은 없고 한 달 집세는 만 원이라고 했다. 그러나 방 안으로 들어서니 천장이 낮아서 허리를 굽혀서 들고나야 했다. 천리포교를 하며 서울까지 걸어갔다가 내려오는 길에 이 집을 알게 되어 신혼집으로 결정하고 정착하게 되었다고 하였다. 이 선생은 생각하였다. 내가 거창에 인연이 되었으니 이 지역을 위하여 내가 봉사할 수 있는 일은 무엇인가. 박 선생과 함께 하루에 세 번 기도하면서 새벽으로는 동네 쓰레기를 치우는 봉사활동을 시작하였다. 그때마다 숟가락도 줍고 밥솥도 줍고 이불도 줍고 온갖 생활용품이 생겨서 살림방을 꾸미게 되었다고 한다. 내가 삼 일을 좁은 방에서 세 사람과 함께 자면서 보리밥을 대접 받았다. 박 선생이 말했다.

"스님~ 한 남자가 나를 진심으로 좋아하여서 이제 사랑받으며 사는 것인가 생각하는데 병원에서 자궁암 말기라고 합니다. 내가 곧 죽을 것이니 남자에게 죄스러운 일이라서 괴로움을 겪고 있습니다."

내가 답했다.

"미친년~ 지랄하고 자빠졌구나. 그동안 남에게는 기도하면 살고 온갖 소원을 이룬다고 외치더니 이제 너에게 병이 오니 너는 왜 속된 생각을 하는 것이냐. 자궁암 따위는 잊어버리고 네 년이야말로 기도하다 죽어라."

없는 형편에 여비라도 챙길까 봐 나는 바람결에 사라졌다. 그리고 이듬해에 다시 두 사람의 소식을 들었는데 이 선생이 새벽 청소에 나선 길에 차에 받혀 다리를 크게 다쳐서 잠시 사천 천리교 본당에 내려와 쉬고 있다고 하였다. 그리고 만났다. 한쪽 다리를 못 쓰게 될 지경이었다. 묻고 답했다.

"이 선생~ 기도와 봉사활동 중에 이런 일이 생기니 참으로 가슴 아프다."

"스님은 생각이 좁군요. 내가 다친 것은 언젠가는 다쳐야 할 업이 있는 것이며 이제 업이 소멸되었고 아직 한 쪽 다리가 있으니 천리 신님에게 감사할 일인 것입니다."

박 선생은 병색은 있었으나 죽지 아니했고 이 선생은 사고 이후에 마침내 부모님이 결혼을 인정하면서 도움을 받고 경남 안위에 교회를 세우고 농사짓고 포교하면서 박 선생과의 삶에 안정을 찾게 되었다. 두 사람은 지금 신앙생활로 잘 살고 있다. 그들은 언제나 이처럼 말한다. 상대의 모습은 나의 모습이며 인연끼리 만난다. 그래서 서로 화합해야 한다. 서로서로 인연을 소멸하면서 밟고 나아가야 한다.

滿月堂

기사회생하다

    방생을 갈 때면 신도 100명 분량의 밥과 국을 맡아서 보시하던 어느 노보살 님의 이야기다.

    10년이 넘게 자신의 기도를 부탁한 무당이 있기 때문에 절에는 갈 수 없다고 하였다. 그러나 언제나 방생 때면 소식을 듣고 밥과 국을 보시하는 그 행은 대보살의 마음이라고 생각하였다.

    절 아래 동네에 살기 때문에 오다가다 보면 담배를 물고 산책하는 노보살 님을 볼 수가 있었는데 언제부터인지 만나기가 힘들었다. 그 며느리가 절에 왔을 때 물었다.

    "요즘 노보살 님을 통 볼 수가 없다."

    "대장암 말기로 6개월밖에 못 산다는 진단을 받고 누워 있습니다."

    "왜 나에게 말하지 않았느냐."

    "스님께서 알더라도 뾰족한 수가 없다고 생각해서 말하지 않았습니다."

    그날 오후 노보살 님의 집을 방문하였다.

    "노보살 님~ 여기 누워서 뭐하십니까."

"의사가 죽는다고 하네요."

"왜 무당한테 살려달라고 하지 않습니까."

"무당도 이번에는 죽는다는 점괘가 나와서 도리가 없다 하네요."

"그러면 내가 살려줄 수 있는데 살고 싶은지 죽고 싶은지 솔직하게 말해 보세요."

"살 수 있으면 살아야지요."

"그래요~ 그럼 내가 살려 드릴게요."

그 아들과 며느리를 만나서 물었다.

"시어머니가 사는 것이 좋은지 아니면 죽는 것이 좋은지 솔직한 이야기를 듣고 싶습니다."

"살아있으면 애들도 봐주고 집도 봐주고 좋습니다."

"그렇다면 이 집에 있는 모든 한약을 버리세요."

경북 예천에서 지어온 암에 좋다는 한약이 나의 눈에 보였던 것이다. 이미 탈진해 있는 상태에서는 어떤 한약도 흡수할 수 없기 때문에 효도명분으로 지어 온 그 약이 도리어 명을 재촉하는 도리를 모르는 것이다. 그리고 주변에선 피골이 상접한 노보살 님의 죽음을 예견하고 부조한 돈이 350만 원이었다. 이 돈의 성질은 죽으라고 들어온 돈이므로 노보살 님을 위하여 단 한 푼도 쓰여서는 안 되는 것이니 며느리의 화투자금으로 쓰도록 아들에게 지시하였다.

그때부터 노보살 님과 나의 만남이 줄곧 이루어졌다.

"노보살 님~ 왜 담배를 피우지 않나요?"

"의사가 끊으래요."

"이래 죽으나 저래 죽으나 똑같으니 피우던 담배는 피우고 죽으세요."

"노보살 님~ 왜 소주 한잔 안 하세요?"

"의사가 못 먹게 했어요."

"이래 죽으나 저래 죽으나 똑같아요. 먹던 술은 마저 먹고 죽으세요."

"노보살 님~ 왜 누워만 있어요?"

"힘이 없어서요."

"이래 죽으나 저래 죽으나 죽는 거는 똑같으니 벽에 기댈 수 있도록 용은 한번 쓰고 죽으세요."

"노보살 님~ 이날까지 무당만 찾더니 무당조차 이제는 당신을 외면하네요. 죽기 전에 절에는 한번 가보고 부처님 전에 앉아서 염불은 한번 하고 죽어야죠."

"그러고 싶어도 가 볼 도리가 없네요."

내가 염주를 손에 쥐어 주며 말했다.

"도리가 있습니다. 지금부터 내 말을 들어 보세요. 오른손에 염주 잡고 끊임없이 관세음보살을 부르니 이곳이 절이고 법당이네. 가끔은 벽에 기대어 관세음보살 끊어짐이 없으니 이것이 부처님 전에 절하는 모습과 다름이 없네. 심심해서 관세음보살 놀기 삼아 관세음보살 자나 깨나 관세음보살 하니 지극정성 삼천 배와 똑같네."

매일 담배 한 갑 이상을 피울 것을 권했고 죽기를 각오하고 하루에 소주 한 병 이상 마실 것을 권했다. 사람은 늘 하던 짓을 계속해야 기운을 얻기 때문에 노보살 님의 평소 습관대로 할 것을 간곡히 부탁하였다.

그리고 이미 약해진 대장은 약을 소화할 수 있는 기력이 없다는 것을 알았으므로 물을 많이 마실 것도 끊임없이 권하고 지켜보았다.

6개월 뒤, 노보살 님은 다시 예전처럼 담배를 물고 동네 산책길에 올랐으며 건강은 회복되었다. 지난 날 방생 가시는 분들 100명이 먹을 밥과 국을 시주한 인연으로 나의 눈길과 마주치더니 마침내는 불제자가 된 것이다. 온 동네 사람이 경이로운 일이라고 하였다. 그때가 내 나이 28세였다.

滿月堂

깨달음

어느 때에 이런 일이 있었다. 마산 보살님의 이야기다.

"스님, 제가 불법 만난 사연을 들어 보세요."

"말해 보라."

젊은 시절에 결혼하고 두 자식을 얻었고 찻집을 운영하였다. 남편은 실직한 이후 더 이상 직업을 구하지 않았고 아내의 가게 운영에 약간의 소일거리를 가질 뿐이었다. 시간이 흐르면서 남편의 무능력을 탓하고 원망하기 시작하였다. 하루도 빠지지 않는 부부 싸움과 원망이 시작되었다.

그러던 어느 날 자신의 집 대문 앞에서 첫째 아이가 차에 받혀 죽었고 얼마 지나지 않아서 둘째 아이마저 또 집 대문 앞에서 차에 받혀 죽었다. 무능력한 남편을 마음속에 멀리하고 오직 두 자식이 삶의 희망이었는데 청천벽력 같은 좌절이 찾아왔다.

새 아이를 갖고 싶었지만 그 이후에는 어쩐 일인지 자식이 들어서지 않았다. 병원에서는 건강에 아무런 이상이 없다고 하였으나 아이는 들어서지 않았다. 그래서 용하다는 무당을 찾아다니며 온갖 굿을 해 보았지만 끝내 아이는 들어서지 않았다. 그 애타는 모습을 지켜보던 한 친구가 말하기를, 그러지 말고 의사도 도움 줄 수 없고 굿도 영험이 없으니 가까운 절을 찾아서 스님과 상의해 보는 것이 어떻겠느냐. 하는 것이었다.

절이 어떤 곳인지 모르고 살았으나 답답한 마음을 풀 길이 없던 중에 친구의 도움으로 한 노스님을 만났다. 물었다.

"아이를 낳을 방도가 있나요."

"있지요."

"어떻게 해야 하나요."

"하루에 한 번 남편에게 세 번 절하기를 백 일 동안 하시면 홀연히 아이가 들어설 것입니다."

그러나 절간을 나오면서 허공을 보고 코웃음 치고 생각하였다.

'내가 어떻게 무능력한 남편에게 절을 할 수 있겠으며 또 그것이 자식을 두는 것과 무슨 상관이란 말인가. 있을 수 없는 일이다.'

놀고먹는 남편은 더욱 보기 싫어졌으며 그럴수록 자식에 대한 연민은 깊어져 갔다. 하루는 생각하였다.

'내가 이제 자식을 가질 다른 방도가 없으니 그 노스님의 말을 믿어 볼 수밖에 없다. 이 거칠고 못난 놈에게 절만 백 일 동안 하면 자식이 생긴다 말이지.'

찻집을 마치고 귀가한 후에 남편이 잠들기를 기다렸다. 곤하게 자는 것을 확인하고 남편이 자는 이부자리를 향해 서고는 마음속으로 말하였다.

'내가 절을 하는 것은 아이를 가지기 위한 것이지 너를 좋아해서

가 아니다. 이놈아, 절 받아라.'

그렇게 해서 지난날 노스님의 말을 떠올리고 실천하게 되었다. 자고 있는 남편 앞에서 절을 하고 7일이 흐른 어느 날 이렇게 생각하였다.

'내가 아이를 갖기 위한 소원으로 절을 하는 것이라면 좀 더 공손하고 의관을 갖추어야 하는 것이 아니겠는가.'

밤이 되기를 기다리고 찬물에 목욕재계 하고 한복을 차려 입은 후에 남편 쪽을 향하여 공손히 삼배를 올렸다. 그러던 어느 날 문득 잠에서 깨어난 남편은 이불 속에서 부인의 절하는 모습을 지켜보고 생각하였다.

'아마도 이년이 내가 빨리 죽으라고 절을 하는 모양이다.'

생각하고 절대로 죽지 않는다고 각오하였다. 21일이 지난 어느 날 밤 절을 하는 부인의 모습을 본 남편은 이불을 걷고 벌떡 일어나서 부르짖었다.

"이년아~! 내가 일찍 저승 길 가라고 밤마다 절을 하고 비는 모양인데 나는 절대로 죽지 않는다. 어디 절을 해볼 테면 해보아라. 이제부터는 앉아서 당당히 절을 받아야겠다."

그렇게 하루하루 흘러가면서 생각하였다.

'내 남편이 무능하다고 그동안 너무 심하게 박대해 오지 않았던가. 내가 돈을 번다고 너무 잘난 체 해오지 않았던가.'

어느 날 남편이 말했다.

"여보~ 처음에 당신이 절을 할 때는 분노하였지만 당신의 절이

하도 참하고 공손한지라 진심을 느끼게 되면서 더 이상은 앉아서 절을 받을 수가 없다. 당신이 절을 해야 할 사정이 있다면 오늘부터는 나도 같이 절을 하고 싶은데 그렇게 합시다."

이렇게 해서 두 사람은 밤마다 의관을 바로 하고 맞절을 하기 시작하였다. 결혼 이후 처음으로 서로에게 절하고 서로에게 양보하고 서로서로 공경하고 하심하는 마음이 일어나기 시작하였다.

백 일이 지난 어느 날 꿈에 두 번째 죽은 자식이 나타나더니 나는 엄마하고 살래 하고 자궁 속으로 쑥 들어온 것이다. 그렇게 해서 출산한 아이가 죽은 둘째 자식의 사진과 똑같이 생겼던 것이다. 죽은 자식이 되돌아왔다고 확신하였다.

비로소 깨달음을 얻었다. 우리 부부가 합심하지 아니하고 천날만날 시끄러운 소리를 내고 싸우니 우리 자식이 '꽝' 하고 교통사고로 간 것이다. 그래도 깨닫지 못하니 둘째 자식이 죽음을 보여서 우리를 가르친 것이다. 우리가 합심하고 서로 공경하는 마음을 갖게 되니 이제는 '우리 부모가 깨달았다' 기뻐하고 다시 살고자 온 것이다. 내가 말했다.

"불법을 만남은 늦고 빠름이 있다. 자식이 스승이 되어서 부모의 마음을 깨우쳤고 부부합심의 기회를 얻었으니 훌륭하구나."

내 나이 27세에 마산 보살님으로부터 크게 깨우침을 받았다.

滿月堂

천상의 소리

동경에서 야지마 상은 10회의 기통체험을 반복적으로 받았다. 하루는 기통체험이 끝나자 말했다.

"스님! 지금 제 몸이 있는지를 알지 못합니다. 공중에 떠 있는 듯합니다."

상당한 기운이 실렸음을 간파했으나 답하지 않았다.

다음 날 가족과 함께 방문하였고 기를 받아들이던 야지마 상이 갑자기 쓰러졌다. 잠시 뒤 야지마 상은 일어났고 우레와 같은 신의 음성을 토하였다. 신기한 것은 신의 음성은 나에게 전달하는 메시지였던 것이다.

"들어라! 이 스님은 과거 500겁으로부터 무수히 도를 통하고 금생에 출가하였으며 인연이 있어서 일본을 왔으나 오래 있지 아니할 것이다."

그리고 또 이어서 말하였다.

"스님! 천상에서 수많은 도반들이 스님을 지켜보고 있는데 왜 혼자라고 울고불고 외롭다고 술 먹고 큰 소리로 울고 있느냐. 그것을 지켜보는 천상의 도반들은 안타까워서 피눈물을 흘리고 있다. 스님은 이 소리를 기억하느냐."

그리고는 써~어~ 하는 소리를 내기 시작하였다. 이 소리는 내가 기를 넣을 때 사용하는 나만의 특별한 기합 소리였다.

"이 소리는 스님이 천상에서도 늘 쓰던 소리이다. 다시는 혼자라고 생각하고 외로워하지 마라. 내가 오래 말할 수 없는 것은 이 청년의 몸 에너지 구조가 나를 감당할 수 없어 터져 버릴 것이며 머리 세포구조가 한국말이 안 되기에 어쩔 수 없이 일본말로 전한다. 대중은 스님이 한국으로 돌아가기 전 잘 받들어 모시면 복을 받을 것이다."

야지마 상은 다시 쓰러져서 잠시 후 일어나더니 조금 전의 상황을 기억하고 있었다.

일본은 신불종교이므로 신사에 먼저 참배하고 난 다음에 사찰을 찾는 민족이며 이 인연 이후로 야지마 상은 언제나 신의 음성을 들을 수 있게 되었다고 한다.

그때에 나는 혼자 사는 것이 아니고 천상의 도반들이 지켜보고 있다는 신의 음성을 곰곰이 생각해 보게 되었다. 그 이후에 동경 로타리 회장 세끼구찌 상, 전국 의사협회 협회장 노구찌 상, 후지 방송국장 우찌보리 상, 아까사까 TBS 방송국장 고바야시 상 등 동경 최고의 지성인들과 만나고 교류하였으며 한국으로 돌아왔다.

滿月堂

박 도인

　어느 날 직지사를 떠난 나의 발길이 정읍 백학농원으로 향하고 있었다. 내가 들어서자 대중들은 특별히 아는 체하지 않았으나 친절하였다.

　어느 분이 말하기를 "어떤 스님이 걸망을 지고 농원으로 들어왔다는 꿈을 대중이 모두 꾸었는데, 오늘 스님이 찾아오시니 모두 꿈에 본 스님이 찾아왔다 하였습니다."라고 하고 스님께서 백학농원에 살고 싶으시면 사셔도 좋다 하였다.

　삼신산 백학농원에서 박 도인이라는 주인장을 만났는데 무척 호방하고 그 앎과 그 행이 도인인지라 짐을 풀고 생활하게 되었다. 한 철을 넘게 살았는데 그동안 박 도인은 나에게 대가를 바라지 않는 지극정성으로 자선초와 산삼, 산삼주와 농원의 온갖 좋은 약재를 나의 보림을 위하여 쓰기 시작하였다. 그 해 겨울에 박 도인의 후덕한 대접을 받은 나는 인천을 거쳐 일본으로 도일하였다.

　세월은 흘러 한국으로 돌아온 나는 경북 상주에 머물게 되었다. 하루는 박 도인의 안부가 궁금하고 귀국했음을 알리고자 하였는데 통화를 하지 못할 정도로 몸이 불편하다고 하였다. 간암 말기

백학농원 전경

로 몸무게가 30kg밖에 되지 않고 아무것도 먹지 못하고 먹으면 토하니 곧 죽을 것 같다고 하였다.

내가 이 소식을 접하고 '지금이야말로 과거에 박 도인으로부터 은혜 입음을 갚을 때이다' 생각하고 날이 밝자 곧 백학농원으로 향하였다. 혹시 살았는가, 혹시 죽었는가 하면서 찾아오는 수많은 사람들의 병문안에 지친 농원의 식구들은 나의 방문이 귀찮음 그자체였다.

박 도인의 방 안으로 들어서니 피골이 상접하고 얼굴은 검고 눕지 못하여 등을 벽에 기대고 있었다. 내가 즉시에 부인에게 지시하여 한 홉의 쌀을 가져오게 하여 한 시간에 걸쳐 정좌하고 미음을 끓여서 먹어보게 하였는데 박 도인의 몸이 기다렸다는 듯이 흡수하면서 토하지 않는 것을 확인하였다. 부인에게 이처럼 본 대로 계속 미음을 권할 것과 박 도인에게는 '삶은 병으로 죽음이 오는 것이 아니며 어리석음으로 죽음이 오는 것이다'라고 말하고 등을 기대어 앉은 채로 들숨과 날숨의 호흡을 관하며 정성을 이루고 정성으로 자신의 몸을 관찰하라고 당부하였다.

백학농원의 진귀한 온갖 약재가 효험이 없었으나 등잔 밑이 어둡다고 미음이 몸을 살렸으며 나와 호흡에 대한 이치를 다시 논하자 옛 지혜가 되살아난 것이다. 작년 겨울에 정읍을 찾아서 연락하니 기뻐하고 마중을 나왔는데 몸무게가 80kg이라고 하였으며 건강한 옛 호인의 모습을 다시 볼 수 있었고 밤이 새도록 덕담을 나누었다.

박 도인과의 인연으로 산삼만 하더라도 1600뿌리를 먹었으며 그 외에 삼초 경락을 뚫어주는 온갖 귀한 약재를 먹었는데 이 인연으로 받은 것을 되돌려 주었다고 생각하였다. 박 도인이 건강을 되찾은 일은 정읍에 널리 알려지게 되었고 백학농원과의 인연은 그렇게 깊어져 갔다.

나무 관세음보살.

滿月堂

만·월·당

만월당 스님의 충만한 기운이 우리나라 곳곳에 퍼져나가
행복하고 힘찬 에너지가 팡팡팡 샘솟기를 기원합니다!

권선복
도서출판 행복에너지 대표이사, 한국정책학회 운영이사

우주 만물에는 기氣가 존재하여 기에 민감하고 기가 통하는 사
람은 타인의 마음이나 상태, 사물의 이치를 훤히 꿰뚫어 본다고
합니다. 만월당 스님은 수행을 하던 어느 날 밤 기가 통하게 되어
그때부터 많은 불자들과의 만남 속에 기를 체험하고 그 과정에서
놀라운 일들을 많이 겪은 분입니다. 실로 대단한 경험담을 들었을
때만 해도 믿기가 어려울 정도였으며 눈에 보이지 않는 기의 존재
가 엄청난 것임을 새삼 느낄 수 있었습니다.

책『만월당』은 만월당 스님이 경험했던, 보기 드물고 놀라운 일
중 일반인도 기와 부처님의 말씀에 대해 쉽게 접근할 수 있는 이

야기를 엄선하여 구성하였습니다. 만월당 스님이 살아온 이야기 뿐 아니라 기 체험을 받는 불자들의 모습 속에서 누구에게도 말 못할, 가슴 아픈 사정 등을 엿볼 수 있어 더 큰 감동을 받게 됩니다. 또 하나, 만월당 스님이 오랫동안 수행을 하며 쌓인 불심을 읽을 수 있어 부처님의 뜻을 따르는 불자라면 누구나 깊이 공감할 수 있 고 희로애락의 감정이 이입되는 경험을 하실 수 있을 것입니다.

불교에서는 전생에 쌓인 업이 현생을 사는 데 커다란 영향을 끼 친다는 윤회사상을 통해 내세에 부귀영화를 누리려면 현생에 많 은 덕을 쌓으라는 가르침을 줍니다. 누구나 다 좋은 기운을 가지 고 살 수는 없지만, 만월당 스님의 경험에서 얻을 수 있는 교훈처 럼 각자 마음속에 덕을 쌓고 살아간다면 언젠가 그 덕이 꽃처럼 만개하여 행복한 삶을 사는 데 큰 도움을 줄 것입니다.

책 『만월당』을 통하여 만월당 스님의 좋은 기운 듬뿍 얻어 가시 고, 부처님의 좋은 말씀으로 삶의 이정표를 세우는 데 보탬이 되 기를 바라면서, 모든 독자들의 삶에 행복과 긍정의 에너지가 팡팡 팡 샘솟으시기를 기원드립니다.

하루 5분 나를 바꾸는 긍정훈련
행복에너지

'긍정훈련' 당신의 삶을
행복으로 인도할
최고의, 최후의 '멘토'

'행복에너지
권선복 대표이사'가 전하는
행복과 긍정의 에너지,
그 삶의 이야기!

권선복

도서출판 행복에너지 대표
영상고등학교 운영위원장
대통령직속 지역발전위원회
문화복지 전문위원
새마을문고 서울시 강서구 회장
전) 팔팔컴퓨터 전산학원장
전) 강서구의회(도시건설위원장)
아주대학교 공공정책대학원 졸업
충남 논산 출생

인터파크
자기계발 분야 주간
베스트 1위

권선복 지음 | 15,000원

책 『하루 5분, 나를 바꾸는 긍정훈련 - 행복에너지』는 '긍정훈련' 과정을 통해 삶을 업
그레이드하고 행복을 찾아 나설 것을 독자에게 독려한다.
긍정훈련 과정은 [예행연습] [워밍업] [실전] [강화] [숨고르기] [마무리] 등 총
6단계로 나뉘어 각 단계별 사례를 바탕으로 독자 스스로가 느끼고 배운 것을 직접
실천할 수 있게 하는 데 그 목적을 두고 있다.
그동안 우리가 숱하게 '긍정하는 방법'에 대해 배워왔으면서도 정작 삶에 적용시키
지 못했던 것은, 머리로만 이해하고 실천으로는 옮기지 않았기 때문이다. 이제
삶을 행복하고 아름답게 가꿀 긍정과의 여정, 그 시작을 책과 함께해 보자.

『하루 5분, 나를 바꾸는 긍정훈련 - 행복에너지』